하나님은 아무도 포기하지 않는다

박효진 (소망교도소 부소장)

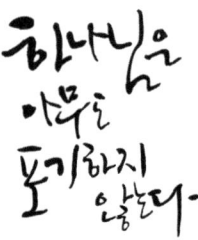

초 판 1쇄 발행 2016년 2월 11일
3쇄 발행 2016년 3월 10일
개정판 1쇄 발행 2016년 5월 10일
21쇄 발행 2023년 9월 12일

지은이 박효진
펴낸이 강미경
편 집 강미경
디자인 투에스

펴낸곳 에젤
전 화 010-3594-3929
팩 스 0303-0950-3929
이메일 happyending49@hanmail.net
출판등록 2012년 5월 21일. 제2012-10호
입금계좌 신한은행 110 368 770 566

ⓒ 박효진, 2016
ISBN 978-89-98058-05-0 03230

에젤 출판사는

◆ 신랑으로 다시 오실 예수 그리스도의 돕는 배필(히브리어 ezer)로서
  주님의 길을 준비하는 책을 펴냅니다.

◆ 왕 되신 예수 그리스도를 모시고 가는 나귀(독일어 Esel)의 사명을 감당하는
  책을 만듭니다.

세상이 포기하고 자신마저 포기한 사람들을 포기하지 않으신
하나님의 사랑과 능력에 대한 생생한 증언!

차례

책을 열며 7

1장

탈주범 잡는 법 13
상상초월 정 주임 35
독방 예배 55
술자리 기싸움 71
79표 장로 83

2장

못 말리는 종문이 97
알몸난동 진압기 113
불 속의 줄다리기 123
제사의 실체 133
거지로 온 천사 163

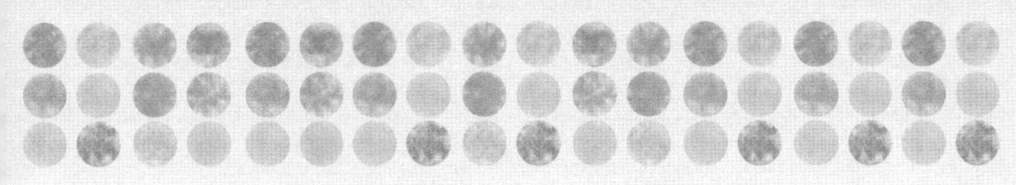

3장

청송에서 서울로　185
죄수복 입은 목사님　196
지존파의 선물　202
진짜 예수쟁이, 사형수 박철웅　209
형님 위해서 기도합니다!　217
그 선배, 박석기　235

4장

필라델피아 스릴러　249
설매리에 내린 은혜　260
인생은 아름답다!　268
문 닫은 청송감호소　277
기적의 소망교도소　285

책을 닫으며　300

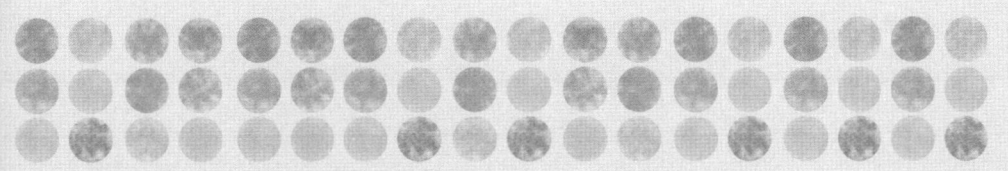

* 일러두기

1 등장인물의 이름 중 일부는 가명입니다.
2 성경구절은 개역개정 성경에서 인용했습니다.

책을 열며

67세인 저는 아직도 현직 교도관입니다.

청춘을 바친 교도관의 직을 내려놓고 10여 년간 평신도로서 간증사역의 사명을 감당하다가 뒤늦게 다시 교도관으로 부름 받았습니다.

아시아 최초의 민영교도소인 소망교도소 15척 높은 담장 안, 흔히 '죄수, 도둑놈, 흉악범' 등으로 불리는 이들이 사는 곳이 제 직장이며 사역과 삶의 터전입니다.

닫힌 이곳도 하나의 작은 사회인지라 다양한 일상이 이루어지고, 그 사소한 일상들 속에 크신 하나님이 찾아오셔서 자기 백성을 기이이 부르시는 감격의 현장을 바라볼 수 있는 것이야말로 제가 누리는 특권 같은 기쁨이지요.

이 깊디깊은 철창 속에서 일어나는 일들에 대해 바깥세상은 그저 호기심 어린 눈으로 말초신경을 자극하는 흥밋거리만을 기대하며 접근해옵니다.

그러나 세상이 포기해버린 이곳에서 아무도 포기하지 않으시는 하나님이 '가장 미련한 방법'으로 '가장 위대한 구원'을 들불처럼 일으키고 계심을 안다면 사람들은 어떤 반응을 보일까요?

죄인들을 지극히 사랑하시는 하나님께서 구원의 밧줄을 깊은 담장 속으로 드리우셔서 미천한 자들을 어떻게 존귀한 자로 탈바꿈시키시는지를 생생히 목격한 증인으로서, 저는 이 책을 통해 제가 체험한 하나님의 위대한 사랑과 능력에 대한 감격을 많은 분들과 나누고 싶습니다.

자신이 자신을 지켜내지 않으면 어느 누구도 믿을 수 없는 절박한 삶의 전쟁터, 인생의 밑바닥에서 오직 피나는 투쟁으로 살아온 수형자들. 살아남기 위한 교활함과 난폭성으로 무장한 이들이 사는 곳.

교도소, 구치소, 감호소….

세상이 볼 땐 가장 비참한 곳입니다.

외면하고 싶은 지옥 같은 곳입니다.

저주받은 자들이 우글거리는 곳입니다.

열다섯 자 담장 안은 버림받은 자들의 한이 서린 곳입니다.

그러나 하나님은 바로 그곳의 낮고 우둔한 자들을 통해 자칭 높고 똑똑한 사람들을 오히려 부끄럽게 하시는 대역사를 변함없이 이루어내십니다.

청송교도소, 청송감호소는 잊혀진 옛날이야기가 아닙니다.
서울구치소의 사형장도 과거의 추억담이 아닙니다.
이제 경기도 여주시 북내면 높다란 산자락에 자리한 민영 소망교도소에서 어제나 오늘이나 동일하신 하나님은 놀라운 구원의 이야기를 계속 써나가고 계십니다.
"옥에 갇힌 자를 돌아보라" 하시는 주님의 명령에 기쁨으로 순종하는 모든 분들과 함께 이 책의 첫 장을 설레임으로 넘깁니다.

탈주범 잡는 법

"부소장님, 황인철 수용자 상태가 아주 좋지 않습니다. 식음을 전폐한 채 죽겠다고 아우성만 치고 있습니다."

박길후 과장이 근심스레 보고한다.

나는 그와 함께 인철의 수용거실로 이동하여 감방문을 열고 좁은 독방 안으로 들어갔다. 조그만 독방에 세 사람이 들어앉으니 무릎과 무릎이 맞닿아 움직이기조차 힘들다. 제법 긴 시간 동안 그의 불평불만 가득한 투정을 들어주었다.

인철은 특이할 정도로 발이 컸다. 국내에서 생산되는 운동화 중에선 그에게 맞는 크기를 구할 수 없었다. 턱없이 작은 신발 때문에 발톱이 뒤집힌다며 고통을 호소했지만, 뾰족한 방법이 없어 차일피일하는 동안 그의 불만은 단식투쟁으로 폭발한 것이다.

나는 그의 얼굴을 한참 말없이 바라보다가 그를 내 품에 안았다.

"그래, 내 다 안다. 니 맘 아픈 것도 서러운 것도 안다. 일일이 챙겨주지 못한 내 잘못이다. 미안하대이. 내가 책임지고 맞는 신발을 구해 볼게."

나의 진심 어린 한마디에 어느새 그도 내 등을 끌어안고 운다.

강하나 여린 그들!

황인철의 방을 뒤로하고 소망교도소 긴 복도를 박길후 과장과 함께 걸어 나온다. 우리는 서로 얼굴을 마주보며 둘만의 비밀스런 웃음을 나눈다.

동안이었던 그의 모습도 어느덧 중후한 중년의 풍채로 바뀌었다. 그의 온화한 표정 위로 27년 전 청송교도소에서 일어난 드라마 같은 사건이 겹쳐진다.

_ 탈옥

1989년 가을 어느 날.

한국의 빠삐용이라 불리는 청송교도소에서 전대미문의 재소자 도주사고가 발생했다. 수용자 김형진이 외부작업(교도소 담장 밖에 있는 농장 등에서 하는 작업. 물론 철조망이 쳐져 있다) 중 교도관의 눈을 피해

첩첩 깊은 산악을 넘고 강을 건너 종적을 감춰버린 것이다.

다른 곳도 아닌 청송교도소.

'5공화국' 하면 자연스레 연상되는 삼청교육대. 말도 많고 한도 많은 그곳 삼청 끝자락에서 어두운 역사의 사생아처럼 탄생한 사회보호법. 그 법에 근거하여 급박하게 청송군 진보면에 들어선 청송교도소와 청송감호소는 어찌 보면 당시 무시무시한 군사정권의 권력 상징이었다.

그곳이 뚫렸다!

매스컴에 대서특필돼야 할 일이었지만 이 사실이 사회에 알려지면 국가적 체면손상까지 감수해야 했기에, 여러 경로를 통해 협조(?)가 이루어져 보도는 극히 통제되었고 바깥세상은 여느 때처럼 조용했다.

그러나 법무부 교정국은 비상이 걸렸다.

청송교도소는 더 큰 비상이 걸렸다.

소리소문없이 탈주범을 다시 잡아와야 한다.

만약 체포에 실패하면 소장을 비롯한 수많은 관련 직원들은 엄중한 문책을 피할 길 없고 기관은 큰 망신을 당하게 된다. 탈주범의 연고지 등으로 많은 직원이 배치되어 주야로 행방을 쫓았으나 흔적을 찾지 못한 채 시간은 애타게 흘러갔다.

_폭탄 떨어진 자리로

"교위 박효진은 1989년 9월 1일부로 교감으로 승진하였기에 신고합니다."

청송교도소와 이웃한 청송2감호소에서 수년 동안 근무하던 나는 오래 기다려온 승진을 하게 되었다.

법과 규정이라는 잣대로 수용자를 가차 없이 몰아친 탓에 '지옥에서 온 박 주임' '싸늘한 태양'으로 불리던 내가 성령님의 불가항력적인 임재를 체험하며 거듭난 인생을 살기 시작한 곳.

청송감호소.

눈물과 함께 찾아온 하나님의 은혜로 삶의 가치와 기준이 송두리째 뒤바뀐 곳.

청송감호소.

주님을 만나고 난 후 비로소 '저들은 들킨 도둑놈, 나는 안 들킨 도둑놈'이라는 단순한 진실을 깨닫고 밤새 울고 또 울었던 곳.

청송감호소.

예수님이 어떤 분이신지 알고 나자 그렇게 미웠던 악질 수용자들과 얼싸안고 땅바닥에 꿇어앉아 서로 뺨을 부비고 울며 용서를 빌었던 곳.

청송감호소.

그곳에서 이제 승진을 했으니 당연히 다른 곳으로 자리를 옮겨야 한다. 어디로 보내달라고 할까? 부산? 대구? 대전?

아내가 진지하게 조언했다.

"당신, 청송 땅에 빚 많이 졌잖아예. 제일 어려운 청송교도소로 가서 한 번 더 근무하는 것이 하나님께 진 사랑의 빚을 갚는 거 아닐까예?"

나는 교정국 인사과에 부탁했다.

"저의 승진 인사이동은 청송교도소로 해주시믄 감사하겠심더."

다들 의아해한다.

교육시설, 문화 환경, 지리적 여건 등이 너무 열악해 대부분의 교도관 간부들은 일정 기간 근무하면 빠져나가기 바쁜 곳이다.

"너 후회하지 않을 거지?"

평소 나를 아끼는 인사과장이 재차 걱정스레 묻는다.

"절대 후회 없심더. 그렇게 해주시믄 오히려 감사합니다."

그렇게 나는 청송에서 또 청송으로 이동해갔다.

바로 얼마 전 탈주사건으로 온통 뒤숭숭한 그 현장, 폭탄 떨어진 자리로! 하나님과 사람들에게 진 은혜의 빚을 복음 전도로 갚겠다는 마음 하나로 용감하게 그 길을 갔다.

아무리 힘든 곳이라도 시금까지 나와 동행하시고 인도하셨던 주님의 신실한 손길을 믿었기에 한껏 당당한 발걸음이었으나, 마음 한구석엔 앞날을 가늠할 수 없는 일말의 불안함도 있었다.

그러나 누가 알았겠는가?

바로 그곳에서 상상 못 할 하나님의 은혜를 체험하게 될 줄!

_또라이

탈주범은 철통같은 검문검색망을 뚫고 부산의 고종사촌 집에 처음 나타난 것이 확인되었다. 약 20여 명의 교도소 직원들이 급히 차출되어 부산 지역의 사촌 집을 비롯한 다른 연고지에 24시간 매복 근무 중이었다.

그러나 두어 번 그의 모습이 멀리서 포착됐을 뿐 별다른 진전 없이 초조하고 지루한 기다림만 계속되었고, 상부 기관에선 체포 독촉이 빗발쳤다. 이런 와중에 내가 발령받아 간 청송교도소는 그야말로 살벌한 전쟁터였다.

대형사고가 나면 으레 책임문제가 뒤따르기 마련.

탈출한 시간대를 놓고도 각 근무팀 간에 네 탓 내 탓으로 주장이 엇갈리니 직원 상호 간의 불신과 원망으로 분위기가 험악했다.

그럼에도 나는 이곳에 복음을 가지고 들어온 믿음의 사람이라는 자부심과 사명감으로 가득 차서 만나는 사람마다 "할렐루야"로 인사하며 전도에 열을 올렸다. 그러나 사람들의 시선은 싸늘하기만 했다.

"불난 집에 부채질이지 지금 이 판에 무슨 할렐루야냐?"

"또라이 아냐?"

"완전히 맛이 갔군."

부하 직원들도 나를 경멸의 눈으로 바라보았고 상관들은 공개적인 막말과 꾸중으로 억압했다. 특히 당시 소장은 교회나 예수님 이야기만 나오면 눈에 쌍심지를 켜고 공격하며 교도소 내 전도 사역을 노골적으로 방해하는 특이한 사람이었다.

그럴수록 나는 이 삭막한 청송 땅에 주님의 사랑이 강물처럼 넘치는 날이 속히 오기를 간절히 바라면서, 숱한 비아냥도 기쁘게 여기며 모든 것을 기도로 이겨나갔다.

어느 날 오후, 근무지를 시찰하던 소장이 나를 한참 쳐다보더니 불쑥 물었다.

"어이, 박 교감. 자네 부산에 근무한 적 있지?"

"예, 청송 오기 전에 부산교도소에서 3년 정도 근무했심더."

"그러면 부산의 조폭 같은 범죄자들 많이 알겠구먼."

"예, 웬만하믄 다 서로 행님, 동생 하면서 지냈고, 깡패 똘마니들도 제법 알고 있심더."

소장은 모처럼 기대에 찬 눈빛을 번쩍이며 내 손을 덥석 잡았다.

"어이, 박 교감. 그러면 당신이 부산으로 내려가서 제포조 지휘를 좀 맡아줘. 부소장이 현장에 있으니 교도소 운영에 지장이 많아. 그리고 자네가 가면 옛날에 알고 지내던 조폭이나 전과자들을 통해 탈주범이 숨어 있을 만한 곳을 쉽게 알아낼 수 있을 거야. 부탁해."

나는 졸지에 체포조 현장 지휘관으로 명을 받아 부산으로 내려갔다. 모래해안에서 바늘찾기보다 어려운 도주자 체포 지휘관으로서의 막중한 책임감에 마음이 크게 짓눌렸다. 운전대를 잡고 고속도로를 달려가는 긴 시간 내내 전능하신 하나님께서 특별한 은총을 베풀어 주시기만을 간구했다.

부산 서면 교차로. 천우장 여관. 넓은 방 2개가 우리 직원들의 처소였다. 한 달이 넘도록 24시간 교대 잠복근무를 하느라 지친 직원들은 누적된 피로로 파김치가 돼 있었고, 사기는 바닥에 떨어져 탈주범 체포의 열의마저 가물가물한 악조건이 나를 기다리고 있었다.

"이래 가지고 우예 탈주범을 잡겠노? 다들 눈빛이 썩은 동태마냥 흐리멍텅해가꼬… 탈주범하고 마주쳐도 우리가 힘에 밀려 그냥 나자빠지겠다."

핀잔 섞인 격려를 해도 무표정한 직원들을 보며 나도 힘이 쭉 빠졌다.

이틀 동안 잠복 근무지를 다 돌아보고 나서 직원들을 모두 숙소로 불러 모았다. 다들 밤잠 제대로 못 자고 매복지에서 움츠려 고생하다 보니 몰골이 말이 아니었다. 그들 앞에서 나는 그동안 혼자 마음으로 정리한 결론을 말하기 시작했다.

"여러분, 제가 현장 지휘관으로 명을 받고 내려와 보니 상황이 너무 열악하네요. 게다가 청송교도소를 탈주한 날고뛰는 도주자가 그렇게 호락호락 잡혀줄 리 만무하지요. 그리고 현재 우리의 지친 상태로는 그와 맞닥뜨려도 체포할 능력조차 없다고 나는 결론을 내린 깁니다."

다들 무슨 소리를 하려는가 싶어 의아한 눈빛으로 쳐다보았다.

"오늘부터 가장 중요한 연고지 두어 곳만 잠복근무를 계속하고 나머지는 다 철수합니다. 헛수고 고마 해야 합니더. 이대로 그냥 가믄 여러분이 먼저 지쳐서 쓰러지고 말 낍니더."

이 말을 내뱉는 순간 나는 전혀 뜻밖의 내적 감동을 느꼈다.

'이 일은 하나님이 해결해주셔야 한다!'

짧지만 강력한 이 생각이 온 의식을 지배하자 나는 어느새 스스로 깜짝 놀랄 말을 하고 있었다.

"여러분! 나는 얼마 전 하나님을 인격적으로 만난 사람입니다. 내가 아는 하나님은 모든 인간의 마음을 지으셨을 뿐 아니라 순간순간 다스리시는 분이지요…."

직원들은 그동안 간간이 들려오는 소문에 저 박효진 교감은 교도소 안에서도 할렐루야밖에 모르는 또라이라더니, 지금 이 상황에서도 하나님을 찾느냐는 조롱 섞인 눈빛으로 나를 계속 미심쩍게 주시했다.

"…달주범 제포는 현실적으로 볼 때 우리 힘으론 불가능합니다. 이제 그를 잡는 길은 오직 하나, 하나님께서 탈주범에게 자수할 마음을 주셔서 그가 제 발로 우리 앞으로 오는 수밖에 없심더."

드디어 직원들의 눈빛은 황당함으로 변했다.

'청송교도소를 도망 나온 탈주범에게 자수라니?'

'역시 듣던 대로 맛이 갔네.'

나를 돈키호테 보듯 하는 그들의 시선을 무시하고 나는 더 엉뚱한 말을 쏟아냈다.

"오늘부터 예수 믿는 사람들 있으면 나와 함께 기도하입시다. 기도 외에는 달리 방법이 없심니다."

그러면서 나는 옆의 전화기를 집어 들어 청송에 있는 아내에게 전화를 걸었다.

"여보, 난데, 지금 직원들하고 회의 중이오. 그런데 아무리 생각해도 탈주범을 잡을 가망이 없네. 이제 방법은 기도밖에 없어. 오늘부터 당신도 입에 거품 물고 기도하고, 목사님과 성도들께도 특별 기도를 부탁해요."

아내가 얼떨떨한 음성으로 묻는다.

"그럴께예. 그런데 무한정 기도할 수는 없고, 언제까지 작정하고 해야 할까예?"

통화 중에 나는 얼른 머리를 굴려보았다.

'한 달은 너무 길고 열흘은 짧아 보이고… 적당한 선에서 끊자.'

"여보, 보름을 정하고 열심히 기도해보입시다. 15일 내에 탈주범 마음을 하나님이 감동하셔서 제 발로 자수해오도록 기도합시다."

직원들은 이제 절망적인 눈으로 나와 전화기를 번갈아 쳐다보았다. 한 편의 코미디 같은 상황이 끝나자 그들은 서로 마주 보며 손가락을 머리에 대고 빙글빙글 돌리면서 고개를 흔들어댔다.

하나님의 역사는 이렇게 우스꽝스런 모습으로 시작되었다.

_ 합심기도

숙소 근처에 조그만 개척교회가 있었다.

나는 목사님께 부탁해 열쇠를 얻어서, 아침식사를 마치면 너덧 명의 예수 믿는 직원들과 함께 텅 빈 교회 여기저기 흩어져 앉아 매일 부르짖어 기도했다.

기도 제목은 오직 하나.

"주여! 형진이 마음을 감동하셔서 자수하게 하옵소서!"

"주여! 보름 내로 형진이가 자수하게 도와주시옵소서!"

숙소에 누워 뒹굴던 직원들은 우리가 교회에 오갈 때마다 한심하다는 듯 혀를 찼다. 누군가 교도소 본부로 이런 웃기는(?) 상황을 보고했다. 소장의 천둥 같은 불호령이 떨어진 건 당연한 일.

"야! 이 미친 또라이야! 체포조 지휘관으로 보냈더니 뭐? 잠복근무 직원들 다 철수시키고 기도만 하고 있다고? 당장 다시 배치해!"

"소장님, 일단 현장을 제게 맡겼으믄 지휘관의 판단대로 운용하도록 놔두이소. 지친 직원들 피로부터 풀어줘야 할 거 아입니꺼?"

"듣기 싫어! 내 명령대로 해!"

나도 슬그머니 오기가 발동했다.

"정 그러시믄 현장 지휘관 교체해주이소. 저도 여기 있는 거 피곤합니더. 전화 끊심더."

나중에 들어보니 이 전화통화 후에 소장은 길길이 날뛰며 애꿎은 화풀이를 간부직원들에게 얼마나 해댔던지, 결재받으러 소장실 올라가는 계단이 마치 사형장 계단 같았다고 한다.

숙소의 직원들은 달력마다 15일째 되는 날에 굵다랗게 동그라미를 쳐놓고, 그 밑에 큰 글씨로 '형진 자수일'이라고 써놓았다. 아침저녁으로 교회 가서 기도하는 우리를 놀려먹을 심산으로 적은 그 글을 볼 때마다 오히려 기도 열정은 더 뜨겁게 달아올랐다.

박길후 부장.

심성이 부드럽고 표정이 선한 직원이었다.

"박 부장, 예수 믿나요? 얼굴 보니 꼭 예수 믿어야 할 사람 같은데!"

내 질문에 쑥스러워 얼굴까지 붉히던 그와 온종일 같이 다니며 내가 하나님을 만난 과정과 예수 믿는 믿음의 도리를 나누다 보니 퍽 가까워졌다.

그날 밤, 모두 잠든 캄캄한 천우장 여관방에서 그는 소리 없이 흐느끼며 내 손을 잡고 주님을 마음 깊이 영접했다. 그렇게 기도의 동역자가 또 한 명 늘었다. 우리는 감사와 감격으로 더 많은 시간을 기도에 쏟아 부었다.
"주여! 탈주범 형진이가 속히 자수하도록 역사해주시옵소서!"
그렇게 기도하기를 10여 일이 지났다.
약속한 15일이 점점 다가오는 그즈음부터 우리의 기도가 달라져 갔다. 얼마나 뜨거운 확신에 찼던지 틀림없이 주님의 응답이 임하리라는 감동으로 매일의 기도는 하늘을 찌를 듯했다.
"봐라! 마태복음 18장에서 예수님이 약속하시기를, 두 사람이 합심하여 기도하면 들어주신다 하셨고, 두세 사람이 있는 곳에 함께 한다 하셨으니 이 기도는 이미 이루어진 거나 마찬가지대이."
우리의 얼굴은 은혜의 빛으로 환했고, 걸음걸이조차 힘이 솟구쳐 당당했다.

12일…
13일…
달력에 동그라미 쳐놓은 날이 코앞으로 다가왔다.
그런데 불과 며칠 전까지만 해도 넘치는 확신으로 하늘 높이 두 손 들어 부르짖던 우리 마음에 서늘한 불안감이 밀고 들어오는 게 아닌가!
'기도는 한다만 이게 과연 되겠나?'
'믿음도 좋지만 너무 만용을 부린 거 아닌지 모르겠네.'
순식간에 하늘에서 땅 밑으로 곤두박질치는 느낌이었다.

"약속한 날이 내일 모렌데 어쩌죠?"

기도하다 지친 누군가 묻는다.

"할 수 없지 뭐. 그냥 한번 씨익 웃고 '하나님이 잠시 외출하셔서 기도를 못 들으셨나 보다' 하고 얼버무리믄 되지…."

인간의 믿음이란 얼마나 연약하고 보잘것없는가!

이 일을 통해 흔히 말하는 '충만한 은혜'와 '침체의 바닥'이 기껏 종이 한 장 차이라는 사실을 새삼 깨달으며, 내 평생 과신하지 않고 늘 겸비하리라 마음먹게 되었다.

_거짓말 같은 현실

뜨거운 확신에서 썰렁한 낙심으로 추락한 채 어느덧 날짜는 흘러 달력에 동그라미 쳐놓은 바로 그 날 새벽 한 시경.

일부 직원은 잠들었고 대다수는 장기, 바둑을 두거나 책을 읽다가 잠자리에 들 준비를 하는 그때 전화벨이 요란하게 울렸다. 교도소에서 상황파악을 위해 자주 전화가 걸려오므로 나는 별생각 없이 수화기를 집어 들었다. "여보세요" 하기도 전에 묵직한 음성이 고막을 울렸다.

"형진입니다."

"엉? 형진이?"

용수철 튀듯 내 몸과 마음이 공중으로 치솟았고, 음성은 벼락같은 굉음으로 방금 들은 이름을 확인했다.

"형진이 맞나? 형진이라꼬?"

직원들도 감전된 듯한 표정으로 내 얼굴과 달력을 번갈아 보았다.

"탈주는 했지만 연고지마다 감시당하고 있는 거 나도 잘 알고요, 밀항하려 해도 뜻대로 되지 않고 이렇게 도망 다니는 것도 이제 지쳤습니다. 죽으려는 마음도 먹어봤지만 그것도 쉬운 일이 아니라, 차라리 자수하는 게 낫겠다 싶어 전화했습니다."

형진이가 자수의 뜻을 밝히자 나는 아까보다 더 크게 고함질러 반문했다.

"엉? 참말이제? 정말로 자수한다꼬 했제?"

'자수'라는 말을 듣자마자 직원들은 입을 벌린 채 얼어붙고 말았다. 탈주범의 마음을 하나님이 움직여 보름 안에 제 발로 오도록 기도한다는 게 말도 안 되는 미친 짓이라 여겼는데, 과연 약속한 15일째에 탈주범으로부터 자수하겠다는 전화가 걸려왔으니 실로 경악 그 자체였다.

"그래, 잘 생각했다. 자수하는 것이 니한테도 유리하제. 어디 있노? 우리가 데리러 갈게. 위치를 알려주리."

"실례지만 전화 받는 분 계급이 어떻게 됩니까?"

"나는 박효진 교감인데, 니 도망가고 난 뒤에 청송감호소에서 승진해서 청송교도소로 왔으니까 서로 모를 끼다."

잠시 머뭇거리던 그가 크게 심호흡을 하며 말을 이었다.

"예, 높기는 합니다만 내 몸을 맡기기엔 좀 쫄병이네요."

"그기 무신 소리고?"

"자수해 간다 해도 앞으로 신변에 어떤 위해가 따를지 모르니 나를 확실하게 보호해줄 수 있는 고위직 간부에게 자수하겠습니다."

나는 자존심이 상했지만 어떻게든 이 친구를 달래서 마음이 변치 않도록 해야 했다.

"부소장이면 되것나?"

"예, 좋습니다. 부소장님의 확약을 받고 자수하겠습니다."

교도소 본부로 비상연락을 하니 부소장이 새벽잠을 깬 채 총알택시를 타고 부산으로 달려와, 혼자 형진이가 제시한 약속장소로 나갔다.

얼마 후 천우장 여관 앞에 도착한 택시에서 두 사람이 내리자, 대기하고 있던 직원들이 탈주범의 양팔을 잡고 제압 자세를 취했다. 나는 직원들에게 물러나라 지시하고, 당황스러운 듯 서 있는 그의 손에 직접 수갑을 채우며 나직이 말했다.

"박효진 교감이다. 나는 지금 탈주범 김형진에게 체포의 수갑을 채우는 것이 아니라, 하나님 안에서 사랑과 은총의 수갑을 채운다."

그의 눈에서 얼핏 물기가 배어나는 듯했다.

탈주범을 데리고 청송교도소로 돌아오는 중에 그의 홀어머니가 살고 있는 밀양으로 호송차량의 길머리를 틀었다.

"다시 교도소로 들어가기 전에 어머니를 만나보게 해주시면 자수하겠습니다."

처음엔 단순히 자수 조건을 지키는 차원의 만남 정도로 생각했으나, 막상 모자가 만나는 장면은 우리에게 남다른 감동을 안겨주었다.

큰 무쇠솥에 기름진 쌀밥과 뜨끈한 국을 한가득 준비해놓고 기다리던 어머니는, 아들을 보자마자 품에 안고 기쁨과 아픔이 얽힌 통곡으로 하고픈 말을 대신 했다. 오랜 시간 쫓기는 몸으로 마음 졸이며 숨어다니던 형진이도 어머니의 품 안에서 비로소 평안과 안도를 맛보는 듯, 온 얼굴이 눈물범벅이 되었다.

빙 둘러서서 이 모습을 지켜보던 교도관들이 어느새 하나둘 어머니와 아들 곁으로 다가서서 같이 끌어안고 위로의 눈물을 흘렸다. 조금 전까지만 해도 도망자와 추적자의 관계였으나 지금은 '어머니'라는 이름 아래 모두 한 아들이 되었다.

어머니의 아쉬운 작별을 뒤로하고 우리는 다시 청송교도소로 향했다.

그 무렵.

청송교도소 대강당을 가득 메운 직원들 앞에서 소장은 최고의 기분으로 일장 연설을 하고 있었다.

"여러분! 우리의 존경하는 박효진 장로님께서…."

불과 어제까지만 해도 '또라이'라고 욕하던 소장이 계급 대신 '장로님'이라는 호칭에 '존경하는'이라는 수식어까지 붙이다니.

"…신비로운 방법으로 탈주범을 체포하여 지금 청송교도소로 호송 중에 계십니다. 우리 다 같이 박수로 환영합시다!"

이 웃지 못할 연설은 은혜의 축제를 알리는 서곡이었다.

청송교도소는 잔칫집 분위기로 변했다.

수용자 도주 책임에 직간접으로 연관된 많은 직원이 받아야 할 징계 수위가 한두 단계씩 감하고 상부의 문책도 가벼워졌다. 무엇보다 그토록 예수 믿는 나를 못마땅해 하던 소장의 태도 돌변은 상상 이상이었다. 나를 부를 때 계급보다 '장로'라고 호칭할 때가 더 많을 정도였으니.

"어이, 박 장로. 마음대로 전도해도 내 탓하지 않을게. 매일 할렐루야 해도 관계없어!"

부하 직원들은 물론, 다른 상관들도 소장과 마찬가지로 무엇이든 내 말이라면 적극 동의하고 눈치까지 슬슬 살피며 심지어 두려워하는 느낌마저 들었다. 나중에 알고 보니 그들의 생각은 이랬다.

'저 사람에게 잘못 보이면 큰 해를 입을지도 모른다. 이상한 능력으로 15일 기도하니 탈주범도 자수해오는데, 혹시 밉보였다간 험한 꼴 당할 수도 있겠구나.'

이런 묘한 분위기 속에서 나는 어느새 속으로 조금씩 우쭐대고 있었다. 겉으론 언제나 '하나님의 은혜 덕분'이라고 겸손히 말했지만, 마음 깊은 곳에는 '그래도 나 정도의 믿음이니까'라는 자부심이 숨어 있었다.

그러나 그 알량한 자만이 완전히 깨지고 오직 감사로 하늘을 바라보게 되기까지는 그리 긴 시간이 필요치 않았다.

_ 벼랑끝의 선교사

청송교도소는 그 어느 때보다 화기애애했다.

큰 산을 넘어 비로소 집에 돌아온 여행자의 안도감을 직원 모두 느꼈으며, 자연스레 하나님의 존재에 대해서도 거부할 수 없는 분위기가 이루어져 갔다.

그동안 교회를 다니면서도 믿음이 연약하여 드러내놓고 신앙고백하기를 주저했던 사람은 물론, 박길후 부장처럼 새로 예수를 믿기 시작한 이들이 믿음의 공동체를 이루어 복음의 역사가 활기를 띠었다.

뜨거운 기도의 사람들이 뭉쳐 교정선교의 진원지가 된 영등포구치소 교도관 신우회에서, 멀리 이곳에 꽃피는 성령의 바람을 전해 듣고 상당한 거금을 모아 청송교도소 신우회 창립기금으로 진달해오기도 했다.

전국 교도관들이 복음 안에서 하나 되려는 열망은 이렇게 시작되어, 수년 뒤 내가 서울구치소로 자리를 옮긴 후엔 믿음의 선배들의 헌신과 도움으로 전국교정연합 기독신우회를 결성하게 된다.

우리는 '벼랑끝의 선교사'로 자부하며 교도소마다 복음 전파에 박차를 가했다.

한국의 빠삐용
육지 속의 섬
인간 난지도
종말 처리장….

이토록 비참한 이름으로 불리던 청송교도소가 이제 생명이 꿈틀대는 땅으로, 예수님의 이름이 존귀하게 불리는 은혜의 터전으로 바뀌는 모습을 보며 나는 비로소 깨달았다. 비록 교도소의 허점과 담당자들의 실수로 탈주사건이 발생했으나, 그 모든 과정에 우리의 생각을 뛰어넘는 광대한 하나님의 섭리가 있었음을.

"보름 안으로 탈주범이 자수해오도록 기도합시다!"

무식할 정도로 담대한 믿음의 선포에 놀랍게 응답하신 것은 15척 담장 안을 향한 하나님의 무한한 사랑의 증표였다. 잠시 우쭐했던 나의 교만도 이 증거 앞에서 완전히 무너지고 겸손의 무릎을 꿇게 되었다.

이제 무대는 다시 바뀌어, 여주에 소재한 민영 소망교도소 부소장으로 350여 명의 수용자와 120여 명의 직원을 섬기는 오늘, 나는 무수한 기적으로 여기까지 이끌어 오신 하나님의 사랑과 능력을 익히 알기에 매일 새벽마다 간절히 기도드린다.

"하나님, 시간과 공간을 초월하시는 그 은혜를 이곳의 모든 이들에게도 변함없이 베푸소서."

운동장을 가로질러 십자형 복도를 거쳐서 정문으로 걸어오는 내내 수용자 형제들이 건네는 정겨운 인사에 "샬롬"으로 응답하는 내 영혼이 기쁨에 젖는다.

"부소장님! 죄송하지만 저를 잠시만 기다려주세요."

소망교도소 식당 앞에서 만난 황인철이 나를 불러 세워놓고는 득달같이 자기 감방 쪽으로 달려간다.

얼마 전 박길후 과장과 함께 '야간 독방 심방'을 다녀온 후 그의 변화는 놀라울 정도다. 인터넷 해외구매로 발에 맞는 운동화를 어렵사리 구해주었더니, 그는 휘파람을 불며 목공장에서 구슬땀을 흘리고 운동장에선 비호처럼 날아다닌다.

한참 후 헐떡이며 달려온 그의 손엔 흰색 양말 한 켤레가 들려있다.

"부소장님, 이거 신으세요. 제가 아끼던 스포츠 양말이에요."

"인철아, 고맙긴 한데 갑자기 양말은 와?"

"얼마 전 제 방에 오셔서 기도해주실 때 보니까 부소장님 양말 뒤쪽에 구멍이 나 있더라구요. 마음이 아팠어요."

뒤돌아 가는 그의 모습에서 단식투쟁하며 악을 쓰던 예전의 어둠은 도저히 찾아볼 수 없다. 그가 건네준 양말은 아직도 내 책상 서랍 깊숙이 잘 간직돼 있다.

"제가 드린 양말 따뜻하죠?"

며칠 후 그가 싱긋 웃으며 물어왔다.

"인철아, 니가 준 양말은 발에 신는 기 아니대이. 그 양말은 내 심장에 신고 평생 너의 따뜻한 온기를 느끼며 사는 기다."

조금은 과장된 내 말과 표정에도 인철은 어린아이처럼 기뻐하며 자기 감방으로 활기차게 발걸음을 옮겨갔다.

보안과 입구까지 어깨를 나란히 하고 걸어온 박길후 과장과 나는 따스한 눈빛으로 인사를 주고받으며 교도소 정문을 나선다.

그날 부산의 캄캄한 숙소에서 눈물로 주님을 불렀던 그는 오랜 세월 묵묵히 교정현장에서 봉사하다가, 소망교도소 개청 당시 과장으로 부름 받아 왔다. 여전히 기도로 하나님의 큰 뜻을 헤아려가는 듬직한 믿음의 일꾼이 되어 다시 이곳에서 만나 동역하는 특별한 은총을 누리는 그와 나.

보름간의 기도의 기적을 공유하는 우리 두 사람은 눈빛이 마주칠 적마다 소망교도소의 갇힌 자들에게 주님의 영광이 그때보다 더 찬란하게 임하시길 간절히 기도한다!

상상초월 정 주임

청송교도소는 탈주범의 신비로운(?) 귀환 이후, 소장의 전폭적인 지지와 신우회원들의 뜨거운 열정에 힘입어 전도의 열기가 활활 타올라서 교도소 내 곳곳마다 복음의 꽃이 피어났다. 기독교에 대해 냉소적이던 직원들도 살아계신 하나님의 위대한 능력에 눈 떠갈 무렵, 인사이동이 되어 갑자기 소장이 바뀌었다.

"국가기관이 종교적 색채가 짙어선 절대로 안 되는 거야. 오늘부터 표면적인 종교활동을 일체 금한다!"

요셉을 알지 못하는 새 왕이 이스라엘 민족을 핍박했듯, 하나님의 섭리를 진히 알지 못하는 새 소장의 부임 첫 마디기 비로 이것이었다.

그는 당시 교도소장 중에서도 행정과 관리 능력이 뛰어난 기관장이었으나, 지독한 기독교 반대론자로 우상 섬기는 일에 열성이 남달랐다. 순식간에 싸늘히 얼어붙어 가는 분위기 속에서 우리는 그래도 주님을 의지하고 기도하는 수밖에 달리 도리가 없었다.

"흉악범 수용 구역을 누가 맡고 있지?"

간부회의 도중에 소장이 좌우를 둘러보며 물었다.

"예, 교감 박효진입니다. 제가 관리하고 있심더."

"그래? 수고가 많네. 전국에서 제일 골치 아픈 수용자들을 모아서 특별관리하는 게 참 어려운 일인데 말이야…."

잠시 뭔가를 생각하던 소장이 뜻밖의 말을 던졌다.

"그곳이 조용해야 온 교도소가 편안하니, 흉악범 구역의 무사안전을 위해 내가 직접 제관이 되어서 고사를 지내야겠어."

"소장님, 안 됩니다. 제가 교회 장로고요, 지금까지 통제 불능이던 흉악범들을 신앙으로 관리, 지도하고 있는데 거기서 고사는 절대로 안 됩니더!"

생각할 겨를도 없이 내가 불쑥 반론을 제기했다.

"허, 이런 답답한 사람을 봤나. 이러니까 기독교인들이 편협하다고 욕을 먹는 게야. 고사는 우리 민족의 미풍양속이지 종교행위가 아니야. 그러니 딴소리하지 마!"

소장은 나를 향해 눈을 부릅뜨고 고사의 당위성을 주장하며, 상관의 명령이라는 최후수단을 동원해 고사를 지내겠다고 못 박았다.

나는 자리에서 벌떡 일어나 외쳤다.

"소장님, 제 관할에서 고사는 절대 안 됩니더! 만약 고사상을 차리기만 하믄 저는 어쩔 수 없이 냅다 발로 걷어차 버릴 낍니더!"

"나가!"

소장의 분노한 음성이 회의실을 무섭게 뒤흔들었다.

회의 도중에 쫓겨나 내 방으로 돌아오는 내내 앞으로 펼쳐질 고달픈 직장생활이 눈에 선했다. 기관장에게 대든 '괘씸죄'는 사면도 없고 집행유예도 없고 항소도 할 수 없는 가장 무서운 죄 아니던가!

다음 날 아침.

소장이 나를 자기 방으로 불렀다. 근엄한 표정으로 앉아 있던 그는 긴장으로 굳은 내게 의외로 부드럽게 말을 건넸다.

"어이, 박 교감. 어제 말한 고사 건은 없던 걸로 하겠네."

돌변한 그의 태도에 어리둥절했지만 나는 뛸 듯이 기쁜 마음으로 경례를 하고 돌아 나오면서 연신 '하나님, 감사합니더'를 외쳤다. 세상 계급으로야 내가 꼼짝 못 하지만 그보다 더 큰 영적 승리는 얼마나 통쾌하던지!

그런데 나중에 알고 보니 어제 내가 회의실에서 쫓겨 난 뒤 과장들이 펄펄 뛰는 소장을 간곡히 설득했다고 한다.

"고사는 지내지 않는 게 좋습니다. 박효진 저 사람은 예수에 미친 또라입니다. 고사상 능히 발로 차고도 남을 인간입니다."

"그렇습니다. 난리가 날 게 뻔합니다. 고사는 일단 없던 얘기로 하시지요."

그로부터 두어 달 후.

나는 법무부에 전달하고 직접 보고해야 할 중요한 문서 한 뭉치를 받아들고 2박 3일의 서울 출장 명령을 받아 떠났다. 먼 길을 달려가는 내내 궁금한 마음이 가시질 않았다.

'이상하네. 보안계장도 있고 행정계장도 있는데 하필이면 현장을 지켜야 할 흉악범 담당 계장을 출장 보내다니…'

후일에 밝혀진 이유는 간단했다. 나를 서울로 보내놓고 방해꾼 없이 안심하고 고사를 지내려던 속셈이었던 것이다.

_의리의 여호수아

드디어 고사 당일 아침.

정문 가까운 자리에 활짝 웃는 돼지머리 얹힌 고사상이 걸판지게 차려졌고, 많은 직원들이 늘어선 가운데 근엄하게 제복을 입은 소장이 맨 앞에 서서 고사의 축문을 낭독하기 시작했다.

"유~ 세차~~ 모년 모월 모시…."

바로 그 순간, 맞은 편 정문 쪽에서 천둥 같은 음성이 불을 뿜었다.

"사탄아, 물러가라!"

모두 깜짝 놀라 소리 나는 쪽을 쳐다보니, 철제 정문 안쪽에서 교도관 제복을 입은 한 사나이가 여호수아처럼 우뚝 서서 고사를 지내는 소장과 직원들을 향해 손을 뻗어 외치고 있었다.

"사탄아! 물러가라!"

"저, 저거 누구야?"

소장이 당황스레 묻자 옆에 서 있던 과장들이 주춤거리며 대답했다.

"예, 정태영 주임이라고, 박효진 교감보다 더 대책 없는 예수쟁입니다."

다른 과장이 소장을 재촉했다.

"저 친구 무시하시고 그냥 고사를 계속하시지요."

"유~ 세차~."

"마귀들과 싸울지라 죄악 벗은 형제여!!"

이번에는 찬송을 요란하게 불러 제쳤다.

"유~ 세차~."

"라싸라바차라라쏼랄라라…!!!"

이번엔 겁나게 방언을 해댔다.

소장이 축문을 읽는 순간마다 찬송과 방언기도를 피 토하듯 쏟아 놓는 통에, 30여 분간 치열한 사투를 벌이던 고사는 결국 중단되고 말았다.

정문을 안쪽에서 잠가놓고 고함을 질러대니 아무도 제지하러 들어오지도 못한 채, 그는 눈물겨운 영적 전쟁을 홀로 치르고 있었다.

_아! 정태영 주임

1년 전.

청송교도소에 초임간부로 발령받아 나와 같은 부서에 배치된 정태영 주임의 첫인상은 영락없는 로마시대 검투사였다. 떡 벌어진 체구에 엄정한 표정은 물론, 어투에도 강직함이 뚝뚝 묻어났다. 그러나 그의 부임 인사를 받는 내 마음은 전혀 기쁘지 않았다.

나는 청송감호소에서 성령님을 만나 거듭난 이후 청송교도소 복음화에 대한 꿈을 안고 옮겨왔기에, 수용자와 교도관들에게 어떻게 하면 내가 만난 하나님을 전할까 하는 열망으로 불탈 때였다.

당시 내 직책은 당직 계장이었다. 주간엔 소장의 명을 받아 일반 당직 업무를 행하고, 소장이 퇴근하고 나면 모든 분야를 책임지는 '야간 소장 직무대리'급의 중요한 직책이었다.

그 아래엔 야간을 전후반으로 나누어 한 부분씩 책임지는 보좌관 주임이 둘 있었는데, 한 사람이 느닷없이 집안 사정으로 그만두게 되었다. 절대 오래 비워둘 수 없는 자리라 상부에서도 신속히 보충해주겠다고 하자 나는 기도하기 시작했다.

"하나님, 이번에 마침 자리가 비었는데 얼마나 중요한 자리인 줄 아시지요? 새로 오는 보좌관은 참말로 예수 잘 믿는 사람이어야 합니더. 저와 같이 손잡고 이 척박한 청송교도소에 복음의 꽃을 피울 수 있는 동역자를 보내주이소!"

일주일 동안 아침마다 금식까지 해가며 간절히 기도했다.

드디어 일주일 만에 한 사람이 발령을 받아왔기에 얼른 그의 인사 기록부를 들춰 종교란부터 찾아보았다. 세 글자가 적혀 있었다.
'기독교'
…라면 얼마나 좋았을까마는 '원불교'라고 적혀 있었다. 이만저만 실망이 아니어서 온몸에 힘이 쭉 빠졌다.
'아니, 하나님! 제가 돈을 달라 했심니껴, 떡을 달라 했심니껴. 이 청송교도소에 복음 한번 전해보려고 예수 잘 믿는 사람 보내 달라꼬 일주일이나 금식하며 기도했는데 대체 이게 우짠 일입니껴!'
탄식이 터져 나왔다.
'그래, 원불교면 어떻노. 같이 지내다가 잘 전도해서 믿음의 일꾼 만들면 되것제.'
애써 스스로 위로해보았지만 날이 갈수록 그 소망마저 사라져 갔다. 한 공간에서 종일 함께 살다시피 근무하며 지켜본 바로, 그는 도저히 전도 대상이 아니었다.

알고 보니 대구에서 유명한 사찰의 암자에 들어가서 고시공부를 하다가 도를 깊이 닦는 신승을 만나 공부보다는 아예 수도를 시작했다. 얼마나 깊이 심취했던지 공중부양을 연마하며 때로는 자기 영이 육체를 빠져나가는 유체이탈의 경지까지 넘나들었단다.

당시 그의 아내가 진주에서 작은 슈퍼마켓을 운영했는데, 그가 한밤중에 명상과 수도에 깊이 들어가는 순간 영이 육체를 쑥 빠져나가서 순식간에 진주로 날아가 그날 매상이 얼마며, 무슨 물건이 다 팔렸고, 아내가 어떤 옷을 입고 장사했는지조차 훤히 알고 돌아오기도 하는, 실로 초자연적인 능력의 사람이었던 것이다.

그러니 전도는커녕 까딱 잘못하다간 오히려 내가 끌려갈 판이었다. 새벽기도 갈 때 보면 나보다 더 일찍 일어나서 한겨울에도 교도소 앞 냇가에 팬티 바람으로 얼음을 깨고 들어가 목만 내놓은 채 김이 모락모락 나도록 수련했다. 더 볼 것도 없이 이 사람은 만세 전부터 예수와 관계없이 버려진 존재이며 지옥의 땔감이라고 나 스스로 판단해버리고 말았다.

나는 그에게 복음을 전하겠다는 생각을 포기하고, 교회 가자는 말도 입 밖에 내지 않았을 뿐 아니라 그를 위해 기도조차 하지 않았다.

그러나 근무자로선 맡은 직무를 우직한 심성으로 책임감 있게 처리하니 그것만으로 만족한 채 그럭저럭 또 몇 달이 지났다.

어느 깊은 밤.

느닷없이 정 주임 부부가 우리 집을 찾아왔다. 그러고는 앉자마자 전혀 뜻밖의 말을 불쑥 내뱉었다.

"계장님, 저희를 계장님께서 다니시는 교회로 데려가주십시오."

완전히 포기했던 부하 직원이 제 발로 교회에 오겠다고 하니 나는 내심 뛸 듯이 기뻤지만, 이유가 궁금해서 조심스레 물어보았다.

"와 그라요? 교회로 인도해달라니 좋긴 한데 무슨 특별한 이유라도 있능교?"

그는 이내 눈시울을 붉히더니 어깨를 들먹이며 울기 시작했다.

"제가 이곳에 부임해서 지금까지 지옥 같은 삶을 살았는데, 모르셨습니까?"

"와? 내가 정주임한테 뭐라 카등교? 내사 아무 감정도 없는데 무신 소리요?"

"아침에 출근해서 계장님과 마주 앉을 때마다 얼마나 힘들었는지 모릅니다. 계장님은 아무 말씀 하시지 않아도 저는 계장님으로부터 어머어마한 기를 느낄 뿐 아니라, 그 기에 짓눌려 숨도 못 쉴 지경이었습니다."

얼마나 놀랐던지!

대체 내게 무슨 기가 있단 말인가!

나는 말도 안 되는 소리라고 생각했으나 그는 눈물을 글썽이며 그간의 심정을 심각하게 털어놓았다. 나를 마주할 때마다 느껴지는 강력한 기운에 매 순간 자신이 밀리는 느낌을 받는다는 것이다.

'이상하다. 내가 저 박 계장보다 못한 게 뭐가 있나? 체력도 앞서고 갖가지 단련도 더 많이 하는데 왜 저 사람에게 이도록 눌리던 말인가? 내일부터 얼음물에 더 오래 들어가고 수양에 더 깊이 정진해야겠다.'

그런데 이를 악물고 수련의 강도를 높일수록 내게서 느끼는 압박감은 오히려 커져만 가니 고민이 깊었단다.

물론 나는 단련 따위를 해본 적 없고, 기공에 대해서도 문외한이며, 무슨 별난 능력이 있을 리 만무한 평범한 사람이다. 그런데도 오랜 세월 강력한 기 수련으로 무장한 정 주임을 내리누르는 힘이 있다니 나 역시 의아스러웠다.

나중에 사실을 깨닫고 보니 해답은 극히 간단했다.

그는 비록 방향이 다르긴 해도 영적 세계에 민감한 사람이라, 겉보기엔 아무것도 아닌듯한 박효진 장로를 성전 삼고 계시는 위대한 성령님의 임재와 능력을 기로 느낀 것이다. 그러니 전능하신 성령의 '기'를 누가 당하겠는가? 숨 막히도록 압도될밖에!

지옥 같은 생활을 견디다 못해 사표 낼 마음마저 먹고 괴로워하니 그의 아내가 나름 지혜롭게 조언했다.

"여보, 박 계장이 그렇게 기가 세다면 분명 뭔가 훈련하는 게 있을 거예요. 그걸 알아내서 당신도 똑같이 하면 그를 따라잡을 거 아니겠어요?"

그때부터 정 주임은 내가 어떤 수련을 하는지 몰래 염탐해보았지만, 아무리 봐도 얼음물에 발가락도 못 담그는 위인이니 기가 찰 노릇이었다. 다만 한 가지 특별한 점이 있다면 틈나는 대로 교회에 간다는 것! 새벽에, 낮에, 밤에, 수요일에, 금요일에, 일요일에 끊임없이 교회를 들락거리는 것이 내가 하는 수련(?)의 전부임을 알게 되었다.

"아하! 교회만 열심히 나가도 저런 어마어마한 기를 받을 수 있구나. 그렇다면 나도 교회를 가자. 가서 저 기를 받으면 내 기본 기 더하기 교회 기는 슈퍼 울트라 기가 된다!"

이런 얄팍한 계산으로 그는 내 앞에 앉아서 자기를 교회로 데려가 달라고 부탁했던 것이다.

_성령의 '기'를 받다

그는 교회에 등록하자마자 내게 진지하게 물었다.

"장로님, 올바른 신자가 되기 위한 최소한의 덕목을 가르쳐주십시오."

"여러 가지를 들 수 있겠지만 첫째, 주일성수, 둘째, 십일조, 셋째, 새벽기도쯤만 해도 신자의 기본자세는 갖출 거 같소."

그날부터 그는 신앙 선배들이 모두 놀랄 정도로 한순간에 철저한 주일성수, 십일조, 새벽기도의 사람이 되었다.

당시는 자가용이 흔치 않던 때라 십여 리 떨어진 교회를 오가는 운송수단은 오토바이뿐이었는데, 그는 언제나 내가 운전하는 오토바이 뒷좌석에서 나를 꼭 부둥켜안은 채 가는 곳마다 동행했다. 나와 동선을 같이 해야 빨리 원하는 기를 받으리라는 악착같은 몸부림이었다.

그의 속마음을 알 리 없는 나는 매사에 그와 함께하면서 참 행복했고 주변 사람들은 우릴 부러워했다.

"어쩌면 초신자가 저렇게 열심일 수 있을까?"

"그러게 말이야. 전도한 사람의 믿음 분량을 따라간다더니…."

그렇게 또 얼마간의 시간이 흐른 어느 날.

정 주임, 나, 어느 교도관 집사님이 근처 기도원에서 밤늦도록 기도하다 내려왔는데, 새벽기도시간까지 두어 시간 남아 집으로 가는 대신 교회 교육관으로 발걸음을 옮겼다. 이미 뜨거워진 심령으로 계속 찬양하며 기도에 힘쓰던 그 새벽, 사도행전에 기록된 오순절 성령강림의 대역사를 체험하게 될 줄이야!

불같은 성령의 임재가 바로 정 주임에게 떨어졌다.

그의 얼굴이 한낮의 해처럼 밝게 빛나는가 싶더니, 온갖 죄를 뉘우치며 대성통곡하면서 이리 저리 굴렀다. 마치 누군가가 그를 들고 흔들듯이 벌떡 일어섰다가 구석에 쾅 처박히고, 기둥과 벽에 축구공처럼 부딪치며 굴러다녀도 몸 어느 한 군데 멍 하나 들지 않았다.

성령 하나님의 권능이 경이롭게도 그에게 임하셨건만, 정 주임은 드디어 자신이 그토록 원하던 기를 받았다고만 생각했다.

그런데 문제가 생겼다.

말씀의 기초도 없이 그저 기 받을 욕심으로 교회를 드나들던 차에 성령의 능력이 들어가니 좌충우돌 가관이었다.

새벽기도시간이면 나는 그의 허리띠를 꽉 붙들고 있어야 했다. 자칫 놓으면 어느새 슬며시 일어나 앞자리에서 열심히 기도하는 어느 집사의 등을 걷어찬다.

"니가 안수집사라고? 술 처먹고 바람피우고 다 하는 주제에!"

사람을 훤히 뚫어보는 통에 교회는 정 주임만 나타났다 하면 초비상이 되었다. 모두들 삶에 한두 가지 떨떠름한 것이 없을 수 없으니!

한번은 어떤 장로님과 이야기를 나누다 말고 다짜고짜 윽박지른다.

"장로님, 왜 십일조 떼먹습니까?"

"경기가 좀 안 좋아서…."

"거짓말하지 마세요. 농협 계좌에 5천4백3십만 원 있는데!"

남의 통장 액수까지 알아 맞춰버린다.

그러니 당시 나는 정 주임 때문에 경건 생활을 하지 않을 수 없었다. 난들 천사가 아닌데, 내 속에도 남들이 알면 곤란한 죄성이 매일 넘나드는데 그가 어김없이 내 오토바이 뒷자리에 타고 다니니 얼마나 불안했겠는가. 아내가 보는 여성잡지도 함부로 들추지 못했다. 홀렁 벗은 여자들을 본 잔상이 남아 있으면 내 뒤통수에 딱 붙어 있는 그에게 여지없이 들키고 말 테니 말이다.

나는 늘 그에게 당부했다.

"세빌 입 좀 다물고 있으소. 제발 보인다고 니불니불하지 마소. 하나님이 보여주시는 이유는 남을 정죄하라꼬가 아닌 기라. 그를 불쌍히 여겨서 기도해주고 인격적으로 권면해야제."

자신의 직속상관이자, 형님 같은 장로님이며, 늘 오토바이 얻어 타는 신세니 겉으로는 "알겠습니다" 하고 순종하는 척했지만 눈빛은 그게 아니었다. '나는 당신보다 낫소. 당신은 못 보잖아. 나는 다 봐. 다 안다고!' 하는 교만이 하늘을 찔렀다. 참으로 미칠 노릇이었다.

그러던 중 또 희한한 일이 일어났다.

청송교도소에 묘한 과장이 한 사람 있었다. 한때 유행한 무교회주의에 빠져서, 교회에 어쭙잖게 다니는 집사·장로들과 논쟁을 벌여 교회 못 가게 만드는 선수였다. 스스로 사탄이라 할 정도로.

어느 날 자칭 사탄과장과 정 주임과 나, 셋이 앉아 커피를 마시는데 그의 눈빛이 왠지 켕겼다. 자기가 아무리 사탄 운운해도 예수 믿던 사람이니, 소문으로 전해 들은 정 주임의 영적 능력에 지레 겁을 먹은 듯했다.

정 주임도 자세가 이상하긴 마찬가지였다. 커피를 한 입 먹다가 멈추고 과장을 뚫어져라 보더니, 또 한 모금 마시다가 째려보았다. 그때마다 과장은 "왜… 왜… 왜 봐?" 하며 긴장해서 물어댔다.

내가 봐도 정 주임의 태도는 건방스러웠다. 당시 과장은 무궁화 네 개, 나는 세 개, 그가 두 개 때이니 감히 파출소장이 총경급을 노려보는 꼴이었던 것이다.

그러더니 정 주임은 커피잔을 탁 내려놓고 손가락으로 사탄과장의 얼굴을 가리키며 벽력같이 외쳤다.

"말라기!"

"2장!"

"얼굴에 똥을 처바를 것이야!"

말라기서 2장에 보면, 하나님을 우습게 여기는 이스라엘 백성에게 하나님께서 그들이 제물로 드린 짐승의 똥을 얼굴에 바르겠다는 무서운 진노의 말씀이 기록돼 있다.

이미 성경을 훤히 알고 있던 사탄과장은 그 말을 듣는 순간 온몸에 힘이 풀리는가 싶더니 덜덜 떨면서 탁자에 퍽 고꾸라져 극적인 회개를 해댔다.

"아이고, 하나님, 죽을죄를 지었습니다. 용서해주세요!"

그 기세등등하던 사람을 딱 세 마디로 무릎 꿇렸으니 정 주임의 능력은 정말 대단했다.

상황을 대충 수습하고 집으로 돌아오는 길에도 그는 여전히 내 오토바이 뒤에 바싹 붙어 앉아 있었다. 나는 뒤통수가 따가워 몸이 오그라들 지경이었다.

'혹시 나는 말라기가 아닌가?'

부르릉….

'나는 똥이 아닌가?'

부르르릉….

잔뜩 쫄아서 달리는데 갑자기 그가 "장로님!" 하고 불렀다.

가슴이 철렁 내려앉았다.

"와… 와 그라요?"

정 주임이 내 귓전에 대고 하는 말.

"장로님, 말라기가 뭡니까?"

하, 알고 보니 이 친구는 아직 성경을 읽어본 적 없었던 것이다.

"당신 입으로 말라기라고 했잖소?"

"그게 아니고요, 갑자기 내 마음에 하나님이 몹시 책망하시는 느낌이 오더니 과장님 이마에 '말라기' 글자가 새겨집디다. 그대로 읽으니 또 사라지고 '2장'이 보입디다. 그러더니 누가 똥을 막 갖다 바르길래 그냥 보이는 대로 세 마디 한 겁니다."

나는 오토바이를 끼익 세우고 그를 근처 빵집으로 데려가서 앉자마자 성경으로 말라기를 찾아주었다. 말라기는 마태복음 바로 앞에 있으니 찾기가 참 쉽다.

"말라기 2장, 똥, 여기 있잖소."

이젠 그가 충격을 받았다.

사탄과장이 한 방에 뒤집힐 만큼 엄청난 환상을 본 자기 능력에 도취하여 내심 최고라고 우쭐대던 마음이 한순간에 무너져버렸다. 그동안 자기보다 하수라 여기고 은근히 무시해왔던 박 장로가 이 두꺼운 성경에서 '말라기 2장'과 '똥'을 단번에 찾다니! '이 사람이야말로 진정한 고수'라고 스스로 인정하고는 그때부터 입을 다물고 내 말에 고분고분 따르기 시작했다.

좌충우돌하던 은사 사용을 내려놓은 그날 이후 정 주임은 목숨 걸고 성경을 읽기 시작했다. 누워 자는 시간이 아까워서 푹신한 베개를 마련해놓고, 읽다가 졸리면 잠시 엎드려 자다가 다시 벌떡 일어나 또 읽기를 반복하며 밤을 새웠다. 간부회의 때는 업무일지 사이사이에 성경을 찢어서 끼워놓고, 쓸데없는 얘기가 오간다 싶으면 지시사항을 보는 척하며 몰래 읽기도 했다.

이제 그의 목표는 오로지 박효진 장로를 능가해서 '말라기 2장, 똥'을 더 빨리 찾는 것이었다. 그러려면 성경을 더 많이 읽고 외워서 자료를 구축해야 한다는 절박한 욕심으로 읽어대니 한 달에 한 번을 읽어치웠고, 어느덧 열 번을 넘어섰다. 우왕좌왕 두서없던 은사가 말씀의 지배를 받기 시작하자 비상한 역사가 일어났다.

그가 고백했다.

"장로님, 말씀을 바로 알고 보니 그동안 제가 귀한 은사를 잘못 사용해왔습니다. 대부분 다른 이에게 상처를 주고 주변의 평화를 깼으니 하나님이 기뻐하시지 않는 모습이었습니다."

그렇다. 성령님은 진실하게 일하시지만 그 은사를 나타내는 사람은 죄성이 가득한지라, 자칫하면 간교한 영에게 속을 수 있는 한계를 정 주임은 감사하게도 잘 극복해냈다.

기도는 참으로 헛되지 않았다.

일주일 동안 주린 배를 움켜쥐고 드린 기도를 받으시고, 하나님은 원불교를 기어이 복음의 일꾼으로 만들어주신 것이다. 그때부터 정 주임과 둘이 손잡고 전도하는데 얼마나 신이 났는지 모른다.

툭하면 난동부리고 단식투쟁하는 사고뭉치 수용자에게 정 주임을 보낸다. "어이, 아무개야!" 하며 손을 잡고 잠시 기도하는 동안 스캔하듯 그를 읽어버린다.

"너 지금 겉으로 명분은 이렇게 내세우지만 실상은 딱 이거 때문이네. 그리고 아직 재판 안 받고 숨겨진 강도 건이 둘 더 있는데! 이제 너도 정신 차려서 예수 믿고 새롭게 살아야지."

그러면 두말없이 복음을 받아들이니 얼마나 좋은지.

_고사, 그 이후

나는 아무것도 모른 채 서울구경만 잘 하고 내려와 보니 고사는 그 모양으로 통쾌하게 망쳐져 있었다. 자초지종을 듣고 얼마나 감격했는지 정 주임을 끌어안고 울었다.

"당신, 우째 그리 했소! 나는 말로는 고사상을 발로 찬다고 했지마는 진짜로 차려 놨으믄 이 체면 저 체면 봐서 못 찼을 끼야."

"장로님, 국가공무원법을 아무리 뒤져봐도 고사 방해했다고 징계 먹는 법은 없습디다. 인간이 믿음이 없으면 의리라도 있어야지요!"

그도 혼자서 얼마나 힘들고 외로웠던지 내 품에 안겨 흑흑 울면서

만고에 길이 남을 명언을 내뱉었다.

'믿음이 없으면 의리라도 있어라!'

수년 전에 우리 집에 도둑이 들었다. 여름 수련회에 갔다가 며칠 만에 돌아와 보니 온 집이 발칵 뒤집혀 있었다. 기가 막혀 다리가 풀리려던 찰나 "아빠, 이것 좀 보세요!"라며 딸아이가 피아노 위에 얹힌 쪽지를 가져왔다.

"죄송합니다. 모르고 들어왔습니다. 그냥 갑니다."

도둑들이 한참 물건을 뒤지다가, 교도관 제복을 입고 찍은 내 사진이 벽에 걸린 것을 보고 한솥밥 먹는 식구라며 그냥 가버린 것이다.

일개 도둑도 그 정도 의리를 지키는데, 믿음이란 어찌 보면 나를 위해 피 흘려 돌아가신 예수님에 대해 내가 지켜야 할 의리의 승화된 모습 아니겠는가!

고사 사건 이후 더 놀라운 일은 정 주임에게 누구도 "너, 왜 그랬냐?"고 말 한마디 하거나 꾸짖는 사람이 없다는 거였다. 사실 일개 주임이 감히 소장 앞에서 그런 무례한 짓거리를 했으니 귀빰을 맞고 정강이를 차여도 찍소리 못할 판에, 상관들은 꾸중은커녕 그와 마주쳐도 먼저 얼굴을 돌리고 시선을 피했다.

죽기를 각오하고 하나님 편에 서는 사람을 세상이 어쩌지 못하는 것이다. 이것이야말로 진정한 영적 권세다. 그는 늘 여호수아처럼 당당히 외친다.

"나와 내 집은 오직 여호와를 섬기겠노라!"

그로부터 많은 세월이 흘렀다.

비록 나이가 들어 겉모습은 달라졌어도 그의 눈빛엔 여전히 확신 어린 신앙의 불꽃이 이글거린다. 하나님의 섭리는 얼마나 놀라운지, 정 주임은 내 오토바이 뒤에 바싹 붙어 앉아 함께 움직이던 그때처럼 지금도 나와 삶을 같이 살아가고 있다. 그는 내가 근무하는 소망교도소의 보안과장이자 우리 명문교회의 장로로서, 변함없이 성령님께 사로잡혀 충성을 다한다.

부족한 우리를 끝까지 사랑하시고 사용하시는 하나님의 한없는 은혜 속에, 오늘도 우리는 교도소 이곳저곳에서 마주칠 때마다 힘차게 거수경례하며 "할렐루야!"를 외친다.

독방 예배

1평이 조금 넘는 직육각형의 좁은 생활공간에서 그는 살고 있었다. 특별관리 대상자로 수년을 격리된 채 수용돼 있었으니 웬만한 사람이면 탈진되어 풀이 죽을 법도 했으나 그는 달랐다. 장대한 기골로 어깨를 으쓱이며 상대방을 제압하고야 말겠다는 투지가 눈빛에 번뜩였다.

청송2감호소에서 근무하다가 승진 발령을 받아간 청송교도소에서 내가 만난 그의 첫 모습이 그러했다. 워낙 범죄 세계의 거물이라 재소자들 사이에서도 신적인 존재로 여겨지던 그와 직접 만나고 보니, 뿜어 나오는 무게가 상상 이상이있다. 분명 상내하기 쉽시 않은 사람이었지만 나는 나름대로 계획이 있었기에 그와 계속 만남을 이어갔다.

당시 나는 어떻게 하면 이곳에서 가장 효과적으로 복음을 전할까만을 생각하며 살던 때라 자연스럽게 그가 전도의 첫째 대상자로 눈에 들어왔다.

'우선 큰 고기부터 잡아야 작은 고기 잡기가 쉽지 않겠는가. 우리 교도소에서 제일 거물부터 복음 안으로 끌어들이면 다른 피라미들은 따라서 낚일 테니….'

그와 몇 번 만나긴 했지만 복음을 전할 결정적 기회를 잡지 못한 채 사적인 이야기들만 주고받던 어느 날, 나는 드디어 두어 시간에 걸쳐 내가 만난 하나님을 진지하게 전한 뒤 예수 그리스도를 구주로 영접하라고 제의했다.

그는 물끄러미 내 얼굴을 바라보더니 비아냥거리듯 물었다.

"계장님, 성경에 대해 뭐 좀 아시는 거 있습니까?"

그의 표정이나 말투가 몹시도 비위를 거슬러 속에서 불끈하는 게 치밀었으나 꾹 참고 알 만큼은 안다고 대답하니, 그는 기다렸다는 듯 연이어 질문을 쏟아냈다.

"계장님, 성경이 어떻게 쓰인 줄 아십니까? 성경 원본이 어디 있는지 확인할 수 있나요? J 문서가 뭔지는 아십니까? 또 E 문서는요? 알렉산드리아 70인 역과 수리아 역본의 차이점은 알고 계십니까?"

나는 한마디도 대답하지 못한 채 얼떨떨하니 그를 쳐다보기만 했다. 그런 나를 재미있다는 듯 바라보더니 그는 청산유수처럼 말을 쏟아냈다. 성경의 형성 및 전승 과정과 각 역본의 유래 등을 숨 돌릴 틈 없이 설명하더니 이렇게 못을 박았다.

"그러므로 계장님이 말씀하시는 그 성경은 원본과는 거리가 먼 가짭입니다. 그런 엉터리에 붙잡혀 있지 말고 빠져나오시지요."

그런데도 내가 항변 한 번 못한 것은 그가 한 말을 모두 난생 처음 들어보았기 때문이었다. 멍하니 앉아 그의 신학강의(?)만 듣고서 의기양양한 눈빛을 뒤로한 채 나는 패잔병처럼 독방을 걸어 나왔다.

자존심이 상해 견딜 수 없어 그 길로 목사님을 찾아가서 몇 권의 책을 빌려와 열심히 읽었다. "아, 성경의 형성과정이란 이걸 말하는 거였구나… 이런 것도 있었네!" 무릎을 치고 머리에 담으며 몇 주 동안 그와의 재대결을 준비했다.

드디어 재결전의 날.

그동안 갈고닦은 실력을 유감없이 발휘하려고 별렀으나, 그는 자리에 앉자마자 전혀 다른 화두를 꺼냈다.

"계장님, 자유주의 신학에 대해 어떻게 생각하십니까? 독일의 신학자 불트만에 대해 들어보신 적 있습니까?"

또다시 연이어 쏟아지는 낯설디낯선 용어들 앞에서 나는 꿀 먹은 벙어리가 되고 말았다. 그는 신바람 나게 요란한 신학이론들을 늘어놓았고, 나는 전혀 이해할 수 없는 소리에 주눅이 든 채 이번에도 쫓기듯 독방을 뛰쳐나왔다.

그와의 만남은 늘 이런 식이었다.

나는 그의 뒤만 허겁지겁 따라다니기 바빴고, 그는 언제나 나를 놀려먹을 '새로운 꺼리'를 준비하는 데 쾌감을 느끼는 듯했다.

나는 아내에게 특별 기도를 부탁했다.

"여보, 당신이 같이 기도해줘야겠어. 보통내기가 아니야."

그러나 상황은 도통 달라지질 않았다.

서너 달이 그렇게 흘렀다.

_복음을 전해라!

어느 새벽기도 시간.

"어떻게 하면 이 인간을 이길 수 있을까?"라는 생각에 골몰해 있는데 마음 깊은 곳에서 놀라운 감동이 음성처럼 전해져왔다.

"너 지금 무슨 장난을 치고 있는 거냐? 기껏 신학논쟁이나 하고 있느냐? 이 어리석은 사람아, 그에게 복음을 전해라. 복음을!"

그날 새벽은 가장 쉬우면서도 가장 어려운 문제를 푼 자의 환희로 가득했다.

"주님, 제가 어리석었심더. 복음을 전하겠심더. 오직 복음만 전하겠심더."

그날 오후.

나와 마주앉은 그는 맛있는 사냥감을 찾은 맹수처럼 눈을 번들대며 예의 그 신학강의를 또 시작했다. 30여 분간 침을 튀기며 현란한 지식을 과시한 그는 도도하게 다시 내 항복을 받아들일 준비를 하는 듯했다. 내가 말했다.

"나는 형제의 지식을 도저히 따라갈 수 없심더. 인정합니다. 독서량도 부족하고 논리도 정연하지 못한 거 인정하고말고요. 그러나 나는 한 가지를 확실하게 알고 있심더. 내가 만난 하나님은 형제가 말하는 신학적인 하나님이 아니라, 나 같은 망나니를 이렇게 변화시키시고 수많은 재소자를 빛으로 인도해주신 살아계신 하나님이라는 사실만은 세상 누구보다 분명히 압니다. 이것만큼은 생명과도 바꿀 수 없는 내 고백입니다."

어느새 나는 울고 있었다. 흐르는 눈물을 닦을 새도 없이 나는 그의 손을 덥석 잡고 성령 안에서 간절히 기도하기 시작했다.

"주님, 이 아들이 사랑의 하나님을 만나서 영생의 소망에 눈뜨게 해주이소."

그의 손을 맞잡은 내 손등에 뜨거운 눈물이 떨어지는 게 느껴졌다. 놀라서 눈을 떠보니 뜻밖에, 정말 뜻밖에도 그가 따라서 울고 있었다.

그가 울다니!

그의 눈물을 확인한 순간 나는 와락 그를 끼인었다. 떨리는 손으로 그도 나를 힘껏 안았다.

"계장님, 실은… 저도 하나님을 믿고 싶었습니다. 너무 외롭고 힘들어서 하나님을 꼭 붙들고 싶었습니다. 하지만… 하지만 지금까지 혼자 힘으로 버티며 살아온 제가 이제 와서 하나님이란 존재 앞에 무릎을 꿇는다는 게 자존심이 허락하질 않았습니다. 내 인생을 남에게 맡긴다는 게 너무 비겁하고 나약해 보였습니다."

그런 이유로 그는 하나님에 대해 의도적인 적대감을 나타냈고, 수백 권의 신학서적을 읽어대면서도 오히려 비성경적인 공격자가 된 것이었다.

그러나 그날 이후 그에게 기적이 일어났다.

메마른 지식 더미 속에서 치열하게 갈등하며 살아온 그가 드디어 예수 그리스도를 구주로 영접했고, 나와 철창을 사이에 두고 나누는 신앙교제가 깊어갈수록 구원의 확신을 얻었다.

30여 명의 독방 수용자 중에서 그는 처음으로 그리스도인이 되어 '어둠의 대부'에서 '복음의 대부'로 서서히 변해갔다.

_ 독방교회의 집사들

나는 시간이 날 때마다 그의 독방을 찾아가서 쇠창살을 마주하고 삶의 간증을 나누었다. 그가 비판과 공격을 위해 읽었던 수많은 책들이 이제 은혜의 눈물 속에서 믿음의 싹을 틔우자, 날이 갈수록 그의 표정과 언어가 달라지기 시작했다. 신앙과 불신앙의 경계선에서 오랜 세월 멈칫대던 발걸음이 믿음의 영역으로 빨려들면서, 그의 삶은 엄청난 속도로 어둠의 터널을 뚫고 빛의 세계로 내달았다.

그러나 그의 신앙 성장엔 필연적 한계가 있었다.

조그만 독방에 격리 수용된 처지다 보니 곁에서 신앙의 교제를 나눌 사람이 없는 철저한 고독이 큰 문제였다. 나와 가끔 만난다 해도 일상의 업무에 바쁜 내 한 몸이 그와 생활을 같이할 형편도 못 되므로, 안타까운 마음에 나는 다시 기도하기 시작했다.

"하나님, 형제에게 믿음의 동역자를 보내셔서 날로 믿음이 자랄 수 있도록 도와주이소."

어느 날 한 수용자가 포승과 수갑에 꽁꽁 묶여 독방 사동(舍棟-독방 수십 개가 모여 있는 건물)으로 들어왔다. 당시 교도소 내에서도 골칫거리이던 정승원이라는 재소자가 벽돌로 교도관의 머리를 내리쳐 중태에 빠뜨린 사고를 저지르고 붙잡혀온 것이다.

평소의 생활태도 등을 고려할 때 다른 재소자들에게 악영향을 끼칠 것을 우려한 소장은 그를 맨 끝방에 수용하도록 특별 지시했다. 그는 방 안에서도 길길이 날뛰며 마구 악을 써댔고, 그를 볼 때마다 나도 고개를 절레절레 흔들며 생각했다.

'저런 것도 인간이기? 하나님도 고개를 돌리실 폐품들!'

그런데 어느 날 그의 신분장(재소자에 대한 모든 사항이 기록된 문서)을 검토하다가 그가 한때 '여호와의 증인'이라는 집단에 속한 적이 있음을 발견했다. 그렇다면 최소한 일말의 종교성은 있다는 얘기니 오히려 복음 전하기가 쉬울 수 있겠다 싶자, 나와 한팀이던 정태영 주임에게 전후 사정을 말하고 당부했다.

"무슨 일이 있어도 저 녀석을 변화시켜야 합니다. 마침 '여호와의 증인'에 접한 적이 있었다니까 전도가 더 쉬울지 몰라요. 최선을 다해 말씀을 전해보소."

정 주임은 열과 성을 다해 그에게 매달렸다.

몇 달 동안 관심과 사랑을 퍼부은 결과 드디어 그가 눈물을 흘리며 하나님 앞에 무릎을 꿇었다. 예견한 대로 이미 그가 알고 있던 성경 지식 위에 진리의 말씀이 임하자 성령께서 역사하신 것이다.

그러나 후에 알고 보니 은혜의 문이 쉽게 열린 데는 달리 큰 이유가 있었다. 정 주임이 만날 때마다 빵이며 통닭 등을 늘 먹이곤 했는데, 세상에서 가장 큰 은혜는 '먹는 은혜'라고 누군가 말했듯이 독방에서 구경하기 힘든 음식을 먹는 가운데 마음이 열렸고, 그 열린 틈으로 복음의 씨앗이 떨어졌으리라….

이 일로 독방 사동의 첫 방과 끝 방에 수용된 두 사람이 믿음의 형제가 되었고, 드디어 독방교회(우린 이곳을 그렇게 불렀다)에서 찬양소리가 울려 퍼질 계기가 마련되었다.

그러나 이 둘의 마음은 여전히 답답했다.

믿음의 교제를 나누고 싶은 마음은 굴뚝같았지만 서로를 이을 수단이 전혀 없었다. 전화도 할 수 없고 만날 수는 더더욱 없었다. 특히 청송교도소 독방의 수용자끼리는 대면하여 대화할 수 없도록 법으로 규정돼 있었기에 그들은 오직 배식구(식사를 넣어주는 작은 문으로, 흔히 식구통이라 부른다)를 통해 고함질러 의사를 소통하기 시작했다.

그러나 식구통은 독방 바닥에서 겨우 40센티미터쯤 위에 있어, 여기에 입이나 귀를 대려면 어쩔 수 없이 방바닥에 손을 짚고 납작 엎드려야 한다. 그러나 두 방은 50미터 가량 떨어져 있으니 아무리 크게 고함을 질러도 각자의 배식구를 통해 서로 알아듣기는 무리였다.

그러나 포기할 사람들이 아니었으며 포기할 형편도 아니었다. 둘은 목에 핏대가 서도록 소리 질러 상대방을 부르기 시작했다.

"승원아~!"

"예, 형님~~!"

"마태복음 5장을 읽어봐~~~!"

"뭐라고요? 다시 한 번 말해 봐요~~~~!"

"마태복음 5장을 읽어보란 말이다~~~~~!"

모기소리만 한 작은 음성도 놓치지 않으려고 필사적으로 귀를 기울이며, 상대방이 조금이라도 더 잘 알아듣도록 힘껏 고함을 질러대는 두 사람의 모습은 가히 눈물 없인 못 볼 광경이었다.

그러나 아무리 힘들어도 둘은 기뻤다.

이 고독한 독방에서 믿음의 동지를 만난 것만도 즐거운데, 조그만 구멍을 통해서나마 교제를 나눌 수 있다는 사실에 감격하여 그들은 밤낮 가리지 않고 엎드려서 목이 터져라 외치고 또 외쳐댔다.

그렇게 둘은 은혜에 젖었지만 그 사이에 수용된 이들은 괴롭기 짝이 없었다.

"형님요! 이거 어디 시끄러워 살겠능교? 잠 좀 잡시다, 예?"

"앗따, 이놈의 독방에 성자 났네, 성자 났어!"

두 방 사이의 다른 재소자들이 아무리 항의와 야유를 퍼부어도, 두 교우는 날마다 하나님의 은혜를 나누고 새로이 알아가는 기쁨에 전혀 아랑곳하지 않았다.

그러던 어느 날, 또 하나의 꼴통이 독방을 찾아들었다.

별명이 '멸치'일만큼 성질이 팔딱거리는 다혈질 성열이가 사고를 치고 들어온 것이다. 다른 재소자들은 두 사람의 소음에 투덜대긴 해도 보스의 안면을 봐서 적극적인 반항은 하지 않았지만 성열이는 달랐다. 삶을 완전히 포기한 그에게 무서운 건 없었다.

"형님! 보소! 내 며칠 동안은 참지만 증말 이렇게 계속 시끄럽게 굴믄 가만있지 않을 거요. 그라고 승원이, 이 새꺄! 너 언제부터 환자(예수 믿는 사람들을 놀리는 은어) 됐어? 웃겨… 계속 떠들어대믄 아가리를 찢어놓을 텡께!!"

성열이도 엎드려 식구통에 입을 대고 복도를 향해 고래고래 맞고함을 질렀다. 그러나 그 정도 훼방에 그만둘 두 사람이 아니었다. 나중엔 둘이 말씀과 찬송을 나누고 있으면 성열이가 목이 터져라 노래를 부르고 염불을 해대며 방해했지만, 그들은 오히려 예수로 인해 조롱당하는 것을 감사하며 하나님을 더욱 소리 높여 찬양했다.

그렇게 또 한 달 남짓이 흘렀다.

나는 독방에 새로 들어오는 수용자들에겐 꼭 성경을 넣어주었다. 그러면 어떤 이들은 내 약을 올리느라 성경 대신 불경을 달라 하기도 하고, 또 어떨 땐 성경을 한 권 더 달라고 한다. 이유를 물어보면 천연덕스럽게 "베개 하기엔 한 권으로 모자라는구만요"라며 누런 이빨을 드러내고 산도둑 같이 웃는다. 성경 겉장은 그대로 있는데 책 속이 하나도 없는 경우도 있다. 어쨌느냐고 물어보면 "보들보들해서 휴지로 쓰기 참 좋더라"며 빙글대는 그들.

하지만 어쩌랴.

이들도 언젠가 하나님께서 손만 대시면 다 거듭날, 천하보다 귀한 영혼들인데!

그래서 교도소 독방은 언제나 '현실의 고통'과 '하늘의 소망'이 가장 실감나게 공존하는 곳이다.

_ 하나님이 세상을 이처럼 사랑하사…

햇볕이 따가운 초여름의 어느 오후.

감방 안의 나른함에 모두 벽에 기대거나 반쯤 엎드려 낮잠에 빠져들던 바로 그 시간에, 어김없이 첫 방과 끝 방에서 '은혜의 고함'이 시작되었다.

이제 참을 만큼 참았다고 생각한 성열이가 수없이 단말마적 발악을 해도 두 사람은 묵묵히 말씀과 찬송과 기도의 교제를 이어나갔고, 그런 둘에 대해 거의 지쳐버린 성열이는 뒤로 벌렁 드러누워 혼자 중얼댔다.

"아무리 생각해도 저 두 놈은 미친 것이여. 하루 이틀도 아니고 날이믄 날마다 저 짓이니 지겹지도 않은가벼."

그의 속내를 아는지 모르는지 둘은 그날도 열성이었다.

"승원아~! 요한복음 3장 16절을 읽어봐~~!"

"예? 형님, 잘 안 들려요~~~! 다시 한 번 말해 봐요~~~~!"

"요한복음 3장 16절 말이다~~~~~!"

그날따라 바깥 소음이 컸던지 서로 말이 잘 들리지 않아 무진 애를 써서 고함을 질러대는데, 둘 사이의 중간쯤 위치한 방에서 성열이는 '도대체 저것들이 무슨 재미로 저러는겨? 요한복음이 뭔데 저 지랄들이야, 지랄이!' 하며 무의식적으로 한 쪽 구석에 처박혀 있던 성경책을 끌어당겼다. 그리고 두 사람이 외쳐대는 요한복음이란 걸 찾아보려고 이리저리 뒤적였다. 그러나 그 두꺼운 성경에서 요한복음 찾기란 성열이에겐 서울에서 김서방 찾기 아니겠는가!

몇 번 뒤적이다 찾아지지 않자 성질 급한 그는 넙죽 엎드려 식구통에 대고 큰 소리로 외쳤다.

"형님~! 그 요한복음이란 거 몇 쪽에 있는 거요~~?"

느닷없는 성열이의 물음 앞에 두 사람은 화들짝 놀랐다.

"성열아, 신약성경 146쪽을 찾아봐~~~!"

한참을 뒤적이다가 그가 결국 그 구절을 찾아냈다.

"아, 여기 있네~~~~!"

"그러면 네가 중간에 있으니 큰 소리로 한번 읽어주라~~~~~!"

제법 우쭐해진 성열이가 의기양양하게 식구통에 입을 대고 밖을 향해 크게 외쳤다.

"하나님이 세상을 이처럼 사랑하사 독생자를 주셨으니, 이는 저를 믿는 자마다 멸망치 않고 영생을 얻게 하려 하심이니라!!"

짧은 해프닝이 일어난 그날 밤.

잠자리에 든 그의 귓전에 모깃소리 같은 게 계속 앵앵댔다. 그런데 가만히 들어보니 그건 모깃소리가 아니라 낮에 자기가 식구통에 대고 외쳤던 성경구절이었다.

"하나님이 세상을 이처럼 사랑하사…"

헛것을 들었나 보다 생각하며 고개를 흔들어도 그 소리는 계속됐고, 시간이 지닐수록 더욱 크게 귓전을 울렸다. 나중엔 화장실로 딜려가 물을 크게 틀어놓아도 보고 유행가를 흥얼거려도 봤지만 소용없었다.

"하나님이 세상을 이처럼 사랑하사… 이는 저를 믿는 자마다 멸망치 않고 영생을 얻게 하려 하심이니라."

아무리 애를 써도 떨쳐버리지 못한 그 말씀은 결국 그의 귓속뿐 아니라 마음속 깊숙이 들어와, 오랜 세월 다져진 두꺼운 자아의 껍질을 까닭 모를 눈물과 함께 깨뜨려버리고 말았다.

회심하는 모습조차 급하고 별난 성질 그대로였다고 후에 담당 교도관이 전해주었다. 벽에 머리를 박기도 하고 좁은 독방에서 팔짝팔짝 뛰기도 하면서 그는 새사람으로 거듭났다.

비록 인간의 눈으로 하나님을 볼 수 없다 하지만 이토록 생생하게 한 사람을 바꾸시는 손길을 누가 감히 부인할 수 있으랴.

그의 급격한 변화는 다른 독방 수용자들에게도 중대 관심사가 됐다. 다른 사람이라면 몰라도 성열이가!

이렇게 세 성도가 독방교회의 초대 집사(?)가 됐다.

그들은 문자 그대로 밤낮 가리지 않고 말씀과 기도로 영적 교제에 힘썼다(물론 식구통을 통해).

그들 사이에 수용된 다른 재소자들도 셋의 불같은 전도에 이끌려 슬그머니 하나둘 예수 그리스도의 품으로 들어와 믿음의 동역자가 되었다. 다른 사람이 전하는 예수라면 모르겠거니와, 천하에 소문난 저 세 사람의 변화된 삶은 능히 다른 흉악범 수용자들의 얼음장 같은 가슴을 녹이기에 충분했던 것이다.

_영과 진리의 예배

"한 번만이라도 예배를 드렸으면 좋겠어요!"

그들의 간절한 바람이었다. 그러나 엄정하게 독거 수용된 이곳 형편상 엄두도 내기 힘들었다. 모두 예배에 대한 애타는 목마름으로 기도하던 중, 하나님은 기상천외한 예배를 허락해주셨다.

외부에선 아무도 들어올 수 없는 곳이기에 예배인도는 자연스레 내가 맡게 됐다. 복도의 중간쯤에 서서 나는 한껏 목청을 돋우어 고함지른다.

"지금부터 우리 독방교회의 예배를 하나님께 드리겠습니다!"

예배 시작을 선포하며 앞을 바라보면, 조그만 식구통마다 귀를 밖으로 대고 있는 재소자 형제들의 모습이 보인다. 꿇어 엎드려 작은 소리 하나라도 놓치지 않으려는 필사적인 몸짓 앞에 나는 심장이 터질 듯하다.

"다 같이 사도신경으로 신앙을 고백하겠습니다!"

또다시 외치는 내 목소리가 끝나자마자 각 방의 식구통으로 보이던 귀들은 즉각 입들로 바뀐다. 납죽 엎드린 채 처절하리만치 진지하게 신앙고백을 외쳐댄다. 그들의 절박하고도 순박한 심령에 성경말씀을 읽어주는 것보다 더 큰 설교는 없다.

여기저기서 흐느낀다.

오열이 터져 나온다.

울퉁불퉁 살아온 험악한 인생의 뒤안길로 영원히 버림받아 사라질 줄 알았던 자신에게 이토록 고귀한 구원의 복이 임할 줄이야!

작은 구멍에 입과 귀를 번갈아 대가며 듣고 외치고 기도하고 찬송하는 그들은 이제 하나님 앞에선 더 이상 죄인이 아니다. 비록 몸은 깊디깊은 담장 안, 어둡디어두운 철창 속에 갇혀 있으나, 그들의 영혼은 예수 그리스도의 죽음과 부활의 은혜로 영원한 자유를 누리는 완벽한 자유인들이다.

그곳에서 여전히 엎드려 예배하며 회개의 눈물로 날마다 새로이 거듭나는 이름 모를 형제들에게 요한복음 4장 23~24절의 귀한 말씀을 전하고 싶다. 하나님의 영광이 독방교회 위에 언제나 충만히 임하시리라 확신하며!

아버지께 참되게 예배하는 자들은 영과 진리로 예배할 때가 오나니 곧 이때라. 아버지께서는 자기에게 이렇게 예배하는 자들을 찾으시느니라. 하나님은 영이시니 예배하는 자가 영과 진리로 예배할지니라.

술자리 기싸움

전편 〈하나님이 고치지 못할 사람은 없다〉에 자세히 기록했듯이 1987년 1월 어느 날, 기적적으로 거듭나서 새로운 믿음의 세계에 눈 뜬 내게 하나님은 신앙인으로 사는 삶에 대해 참 많이 깨우치시고 순간순간 간섭해주셨다.

어제까지만 해도 세상 기준에 맞추어 먹고 마시고 노는 풍조에 젖어 있던 내가 성령님의 강권적인 개입으로 일순간에 모든 가치관이 바뀌어 경건치 못한 것들과 단절돼버렸으니, 주위 사람들보다 먼저 나 자신과 가족이 놀랄 수밖에 없었다.

매일 한 갑 반 이상 피워내던 줄담배를 내 결심이 작용하기도 전에 연기 냄새조차 못 견디도록 만들어 끊어주신 것도 놀라웠지만, 더 기막히게 감사한 것은 '폭탄주 제조공장 공장장'으로 명성을 날리던 내가 갑자기 술잔만 봐도 구토가 나는 지경에 이르러 술이라면 한 방울도 입에 대지 못하도록 주관하신 일이었다.

"야, 술 한 잔 먹는다고 지옥 가냐? 하나님이 그렇게 옹졸하시냐? 남들은 교회 다니면서 술만 잘 마시고도 신앙생활은 너보다 잘하더라."

직장동료나 친구들은 식사자리에서 으레 내게 술을 권하며 이렇게 시비를 걸어왔지만, 대답할 가치도 없어 그저 빙그레 웃으며 앉아 있노라면 그런 모습이 더 약 오르는 모양이었다.

"잘난 체하고 있네. 너 혼자만 예수 믿냐? 어차피 사회생활해야 하는 거 둥글둥글 살아야지. 별나게 굴지 마. 너만 손해야."

이처럼 숱한 조롱, 회유, 강압이 계속되는 가운데서도 꿋꿋이 이겨낼 수 있도록 하나님은 때마다 강한 손으로 나를 도우셨다.

_박 주임, 한잔 해!

첫 싸움은 거듭난 그해 5월에 일어났다.

청송감호소 내에서 큰 행사를 무사히 마치고 기분이 썩 좋아진 소장이 전 간부 합동회식을 열었다. 20명에 달하는 간부 전원이 모였으니 자리가 퍽 거창했다. 화기애애한 분위기에서 서로 수고했다는 덕담을 나누며 몇 번 술잔이 돌다 보니 다들 얼큰하게 취해갔다. 바로 그때 내 옆에 앉은 과장이 소주잔을 내밀었다.

"어이, 박 주임, 한 잔해."

"아입니더. 과장님, 저 술 못 합니더."

"아니, 여태 잘 먹었잖아!"

"과장님, 이젠 아입니더. 저… 예수 믿게 된 거 잘 아시잖습니꺼."

고깝다는 투로 나를 잠시 노려보던 그가 다시 술잔을 내 얼굴에 디밀었다.

"그러면, 반 잔만 하지그래?"

"아입니더. 반 잔도 안 됩니더."

과장의 인상이 험악해지기 시작했다.

그는 자존심을 억누르고 최후협상을 시도했으나 내 안에 계신 성령께서 나를 굳게 붙들고 계셨다.

"그럼 입술에만 댔다 떼."

"그것도 안 됩니더."

결국 과장의 인내는 한계를 넘어 좌우 아랑곳없이 고래고래 소리 지르기 시작했다.

"야! 박 주임, 너 나한테 감정 있어? 유감 있어? 엉? 뭐 이따위가 다 있어!"

"유감이라니요? 그런 거 없심더. 오해 마이소."

"보자 보자 하니 정말 싸가지 없는 친구야! 건방지게스리."

화가 머리끝까지 치민 그는 아예 뒤로 돌아 앉아버렸다. 이 돌발사태에 모든 사람의 시선이 우리 둘에게 쏠리고 이내 술자리는 썰렁해졌다.

잠시 후, 이번엔 저쪽 건너편에서 다른 과장이 불콰하니 술 오른 음성으로 나를 불렀다.

"어이, 박 주임, 예장이요? 기장이요?"

나는 깜짝 놀랐다. 예장, 기장을 논할 정도면 교회를 잘 안다는 뜻인데… 평소 그가 예수 믿는 사람이라곤 전혀 생각지 못했다.

"저… 예장 합동인데요."

"아, 그래요? 나도 ○○교단의 시무 장로요."

"그렇심니꺼? 과장님, 장로님이셨구만요!"

"그런데 박 주임, 신앙이란 것이 그런 게 아냐. 무슨 독불장군도 아니고 더욱이 율법적으로 굴어선 안 되지. 자유라는 걸 누릴 줄 알아야 하는 게요."

그러면서 은근히 재차 술잔을 권했다. 나는 야속한 눈빛을 던지며 사정했다.

"과장님 같으신 분이 저를 도와주셔야지 이러시믄 저는 우짭니꺼!"

"어이, 박 주임. 내가 잘 아는 장로, 집사들도 가끔 한 잔씩 하고 살아요. 이게 무슨 죄가 된다고 그래?"

"어쨌든 저는 안 됩니더. 과장님요, 한 번만 봐주이소."

아니꼽다는 눈빛으로 그도 결국 술잔을 거두었다.

바로 그 순간이었다.

"야, 박 주임! 이 잔 받아!"

소리 나는 쪽을 쳐다보니 소장이 술잔을 높이 쳐들고 앉아서 나를 노려보고 있는 게 아닌가.

"예? 소장님, 저는…."

내가 주춤거리자 그는 자신의 모든 권위를 총동원해서 나를 몰아세웠다. 지금까지 두 과장과 주고받는 대화를 듣자니 못마땅해 견딜 수 없다는 표정이었다. 그의 눈과 내 눈이 마주치는 순간 머릿속엔 수십 가지 생각이 전광석화처럼 스쳐 갔다.

직장에서 생사여탈권을 쥐고 있다 해도 과언이 아닌 기관장이 하급간부인 내게 술잔을 받으라고 강권하는 상황에서 과연 어떤 행동을 취해야 할 것인가!

나는 소장에게 애원했다.

"소장님, 정말 저는 이제 술을 못 마십니더… 제발 용서해주이소."

명령과 복종의 위계질서가 어느 조직보다 철저한 교정 직원에게 상관의 지시는 곧 법이나 마찬가지다. 한참 나를 노려보던 그가 내 눈빛에서 뭔가를 읽었는지 천천히 말문을 열었다.

"좋아, 정 그렇다면 할 수 없지. 마시지 않아도 좋으니 잔 받아서 앞에 갖다놓기나 해."

이제 한층 침예한 싸움이 내 속에서 시작되었다.

두 마음이 뒤엉켜 갈등했다.

'일단 살았다. 까짓거 술만 안 마시믄 될 꺼 아이가. 술잔만 받아놓

는 데야 어떠랴?'

'안 된다. 더러운 것은 모양이라도 흉내 내지 말라꼬 성경이 말씀하시는데…. 게다가 술은 잔도 건드리지 말라꼬 성령께서 내게 깨닫게 해주셨잖아.'

'그라믄 내가 소장님하고 얼굴 붉히고 싸워서 얻는 게 뭐꼬? 괘씸죄는 살인죄보다 더 무서운데… 근무평정(일 년에 두 번씩 근무성적을 평가해서 승진에 반영하는 일)할 날도 얼마 안 남았는데 잘못 보여서 찍히믄 내만 손해 아이가. 그래, 술은 안 마시믄 될 테니까 잔만 받아놓자.'

그렇게 결심하고 술잔을 받으려는데 돌연 마음 깊은 데서 울컥하고 뜨거운 불기둥 같은 것이 치밀면서 내 영혼에 하나님의 말씀이 울렸다.

"네가 하나님을 두려워하겠느냐, 사람을 두려워하겠느냐?"

얼마나 놀랐는지!

'하나님과 사람 중에 누구를 두려워하겠냐고? 그야 물론 하나님이지. 그렇다믄 답은 나 있는 거잖아?'

성령님의 감동은 계속되었다.

"네가 하나님을 기쁘시게 할래, 사람을 기쁘게 할래? 네가 사람의 비위를 맞춘다면 그리스도의 종이 아니다!"

'맞아, 내가 거듭나는 큰 은혜를 입었는데 사나이가 믿음이 없으면 의리라도 있어야지. 하나님 앞에 부끄러븐 짓은 말아야제.'

그 순간 내린 결정은 단호했다.
"소장님, 죄송하지만 술잔도 받을 수 없심니더!"
일순간 실내에 무서운 긴장이 감돌았다.
소장은 이 기막힌 사태 앞에 안색이 돌변한 채 술잔을 들고 앉아 있고, 양옆으로 자리한 과장·계장들은 젓가락으로 앞에 놓인 접시 속의 애꿎은 고기만 뒤적대고 있었다. 흥겨운 분위기를 망쳐놓은 저 또라이 박 주임을 내심 원망하면서….

주위를 둘러보니 내가 생각해도 대책 없이 썰렁해지고 말았다. 어떻게 다음 행동을 취해야 할지 나도 가닥이 잡히지 않아 잠시 주춤거리다가 그 자리에 조용히 무릎을 꿇었다. 그리고 기도를 시작했다.
마침 그날이 금요일이라 구역장이던 나는 구역 식구들에게 늦어도 8시까지는 올 테니 모여서 예배드릴 준비를 하고 있으라고 당부해 놓았던 터였다. 기도를 시작하자마자 내 눈과 귀에 그들이 뜨겁게 찬송 부르는 모습과 소리가 생생했다.
얼마나 힘이 나던지!
중얼중얼 기도하던 음성이 나도 모르게 점점 높아졌고 눈에선 눈물이 후두둑 떨어져 내렸다.
"하나님, 이제 제가 할 수 있는 것은 다 했심더. 저로선 최선을 다한 거 아시지요? 지금부터는 주님이 알아서 하이소…."
이미 내 기도 소리는 곁에 있는 사람들이 들을 수 있을 만큼 커졌다.

"…하나님, 저는 제 기질을 잘 알고 있심더. 아무리 예수님을 믿는다 해도 술 한 잔, 담배 한 대, 고스톱 한 판 정도는 얼마든지 합리화해서 즐길 사람인 것을 압니다. '이 정도로 지옥 가겠냐? 상급이야 좀 깎일런지 몰라도 예수님의 보혈이 얼마나 위대하신데…' 운운하며 하고 싶은 짓 다 할 수 있는 사람입니다. 그런데… 그런데, 그런 저를 어떻게 이런 사람으로 만들어 놓았심니꺼? 고맙심더. 참말로 고맙심니더!"

분위기는 더 이상하게 변하고 말았다.

소장은 술잔을 손에 든 채 눈을 지그시 감고 어금니만 질근질근 씹고 있고, 다른 선배 간부들은 묵묵히 접시 안의 고기만 집적대고, 분위기 망친 당사자 박 주임은 말석에서 펑펑 울어대며 기도하고 앉았으니….

한참 후에 이 어색한 분위기를 깨고 소장이 말문을 열었다.
"어이, 박 주임!"
"예, 소장님."
"이리 가까이 와 봐!"
나는 그의 옆에 앉으면서 솔직한 심정으로 말했다.
"소장님, 제가 서무주임으로서 소장님을 늘 편하게 모셔야 하는데요… 제 신앙문제 때문에 본의 아니게 괴로움을 끼쳐드려서 인간적으로는 참말로 죄송합니더."

그러자 갑자기 소장이 내 손을 꽉 잡더니 큰소리로 외쳤다.

"아니야, 난 자네 같은 충직한 부하가 있다는 게 너무 행복해! 자, 분위기 살리자!"

그러고는 벌떡 일어나 두 손을 흔들며 "홍도야~ 우지마라"를 선창했다. 썰렁한 분위기에 짓눌려 괴롭던 참석자들도 기다렸다는 듯 같이 일어나 "오빠~가 있다"를 따라 부르면서 흥겨운 주석으로 변해 갔다.

태산 같은 고비를 넘기고 나니 그 후론 참 수월했다.

술 따위로 시비 거는 일이 거의 없어졌다.

그러나 소장이 새로 부임하거나 과장이 바뀔 때면 한 번씩 홍역을 치러야 했다. 하지만 어떤 경우에도 뜻을 굽히지 않고 어려운 싸움을 해올 수 있었던 것은, 분명히 밝히건대 내 의지나 결단이 아니라 내 안에서 도우시는 성령님의 능력이었다.

_ 콜라 주세요

세월이 흘렀다.

주변의 모든 사람이 하나둘씩 나를 이해하고 용납해주는 분위기가 자리 잡혔지만 그래도 늘 외로웠다. 뒤에서 수군대는 비아냥도, 친하던 동료들로부터 따돌림당하는 소외감도 고통스러웠다. 새벽기도 시간에 벽에다 머리를 박으며 통곡하기도 했다.

"하나님! 저한테 왜 이러십니꺼. 제가 목삽니꺼, 선교삽니꺼. 왜 저를 이렇게 힘들게 하십니꺼. 다른 사람들은 적당히 신앙생활해도 편하게 잘 사는데 뭣 때문에 저같이 보잘것없는 사람한테 이토록 큰 것을 요구하십니꺼!"

몸부림치던 내게 성령께서 말씀하시는 듯한 감동이 느껴졌다.

"네 고충을 안다. 그러나 복음을 전하는 자는 이보다 더 큰 수고도 감수해야 한단다. 너 하나 예수 믿고 천국 가는 거야 쉽겠지만, 많은 사람에게 생명을 전하는 전도자에겐 엄한 삶의 절제가 필요하단다."

이 응답을 받던 날 나는 참 많이도 울었다. 그동안 쌓인 인간적인 서러움이 눈 녹듯 사라지고 그 자리에 얼마나 큰 감사와 기쁨이 찾아들던지!

요즘도 술 한 잔, 담배 한 대, 화투 한 번이 뭐 그리 대수여서 그 난리를 치느냐고 묻는 사람이 종종 있다. 그럴 때마다 나는 이렇게 대답한다.

"물론 그렇게 생각할 수도 있심더. 그러나 나는 늘 '도미노 게임'을 떠올리지요. 우리 손자와 장난감 도미노를 조심조심 세워 나갑니더. 꾸불꾸불한 코스도 만들고 모형을 따라 다리 밑을 통과시키면서 온 방을 빙 둘러가며 세워놓은 뒤, 제일 앞의 작은 것 하나를 툭 건드리믄 주르륵 모든 도미노가 차례차례 다 쓰러지더라고요. 사소해 보이는 것 하나가 넘어지믄 바로 그다음 것이 넘어지고, 그리고 다음… 그러다 보믄 결국 내 중심까지 치고 들어와 십자가까지 내놓으라고 호령하는 일이 분명 벌어질 낍니더. 신앙은 하나 양보하면 결국 다 빼앗기는 무서운 싸움입니더."

 회식이 있어 자리를 같이할 때면 상관들도 내 고집을 꺾을 수 없다는 걸 이해하고 제안했다.
 "어이, 박 장로는 사이다나 시켜 먹지그래."
 "아입니더. 저는 콜라 마실랍니더."
 "콜라는 해로워. 이빨이 삭는다는데 사이다 마셔."
 "괘안십니더. 저는 원래 콜라 체질이라서…."
 내가 굳이 콜라를 고집하는 이유도 있다.
 혹시 그 회식자리 근처에서 누군가 나를 바라보고 있다면, 믿음의 초입에서 방황하는 사람이거나 인생의 고통 가운데 하나님이라도 믿어볼까 망설이는 그가 '믿음으로 살려고 애쓴다는 박 장로'를 지켜보는데 흰 액체를 훌쩍 마신다면 그게 소주인지 사이다인지 어찌 알 것인가?
 '아, 저 박 장로도 상황에 따라선 높은 사람이 주는 술을 마다치 않고 마시는구나. 믿음이라는 것도 별 수 없는 모양이군!'
 그렇게 생각하고 실족하면 그 한 영혼은 또 얼마나 긴 방황의 터널을 헤매야 할 것인가? 그래서 나는 콜라를 마시기로 작정했다. 아무리 멀리서 봐도 시커먼 액체는 간장 아니면 콜라니까. 내 경건과 유익을 위해서라기보다 누군가의 믿음을 배려한 절제임을 성령께서 가르쳐주셨기에!

술 취하지 말라. 이는 방탕한 것이니 오직 성령으로 충만함을 받으라. _ 에베소서 5:18

79표 장로

청송감호소에서 근무하던 어느 날, 서울에서 명문교회를 개척하여 열심히 사역하시던 이덕진 강도사님(현재 명문교회 담임목사)으로부터 전화가 왔다.

"박 집사님을 위해서 기도할 때마다 하나님께서 이제 집사님을 장로로 부르신다는 감동이 오는데요… 기도를 좀 해보시지요."

"아이고, 강도사님요. 택도 없심더. 내사 이제 회심한 지 겨우 몇 년밖에 안 되는 서리집사고요, 더구나 잠시 있다가 떠날지도 모르는 뜨내기 교도관이 장로 된다는 건 말이 안 되잖습니꺼."

"그렇긴 해도 좌우간 기도해보십시요."

당시 나는 경상북도 청송군 진보면에 있는 진보교회에 출석했으며 청송감호소의 초급간부로 근무했다.

전편 〈하나님이 고치지 못할 사람은 없다〉에서 이미 밝혔듯이, 이덕진 선생님은 면내에 있는 혜성여상과 진보여중에서 교편을 잡고 있던 중 나를 만나 거듭나게 하는 역사에 쓰임 받으신 후에, 학교를 사직하고 서울로 올라가서 총신대학원에 입학하며 바로 명문교회를 개척하셨다.

믿음의 스승과 제자 관계인 우리는 비록 몸은 서울과 청송으로 멀리 떨어져 있었지만, 깊은 영적 교제를 통해 서로에 대한 사랑과 관심만은 피를 나눈 형제보다 절절했다.

나를 위해 날마다 간절히 기도해주시는 강도사님께 뜬금없이 장로될 준비를 하라는 권면을 듣고 보니 얼떨떨했지만 '지금까지 이 분이 한 번도 헛소리를 한 적 없는데…' 싶자 조금씩 마음이 움직이기 시작했다.

그런 전화통화가 있은 지 며칠 후 불쑥 이 강도사님이 서울에서 청송으로 나를 찾아오셨다. 마주앉아 이런저런 이야기를 나누다가 다시 장로 피택으로 화제가 옮겨갔다.

"집사님, 제 말을 건성으로 듣지 말고 새겨들어야 합니다. 아무리 기도해 봐도 하나님께서 집사님을 장로로 세우길 원하신다는 확신이 듭니다. 순종하는 마음으로 기도해보세요."

"강도사님요, 다 좋다 칩시더. 이미 우리 교회엔 연세 많은 본토백이 안수집사님들이 얼매나 많심니꺼? 제가 장로 된다는 것 자체가 위계질서에도 안 맞고 덕도 되지 않을 것 같심니더."

내 눈을 지그시 바라보는 강도사님의 안광이 번개처럼 번득였다.

"집사님, 물론 맞는 이야깁니다만, 하나님은 복음을 위해 필요하시다면 우리가 중시하는 순서, 체면… 모든 것을 초월하시는 분입니다. 제 말을 명심하시고 열심히 기도해보십시오."

_ 금식기도

강도사님이 서울로 돌아가고 난 뒤에도 예사롭잖던 그의 말이 마음 깊은 곳을 계속 자극했지만 다른 한편으론 일말의 회의도 들었다.

"에이, 나 같은 게 무슨 장로고? 배우길 많이 했나, 돈이 많이 있나, 게다가 언제 여길 떠날지도 모르는데… 언감생심 꿈도 꿀 일이 아니제."

그렇게 포기하다가도 때론 마음이 돌아섰다.

"그래도 속는 셈 치고 한 번쯤 기도해봐?"

며칠 동안 이런저런 생각으로 고민하던 중, 마침 청송교도소에 근무하는 박길후 집사와 신세엽 집사가 3일 동안 휴가를 내어 기도원에 들어간다는 말을 듣고 동행하기로 했다.

대구 근교에 있는 호렙산 기도원을 찾아가니 마침 아무도 없었다. 어차피 금식기도를 작정하고 올라갔으니 다른 사람들이 없는 게 오히려 편했다. 차갑도록 맑은 늦가을 산바람을 맞으며 각자의 기도제목을 따라 금식하며 기도하는 3일이 시작되었다.

"하나님 아버지, 저를 장로 시켜주이소"라는 기도는 아무리 해보려 해도 차마 부끄럽고 체면이 없어 나오질 않고 한 발 뒤로 물러난 소극적인 기도로 정착되었다.

"하나님, 저는 자격 없는 줄 잘 압니다만 혹시 저를 장로로 불러주신다믄 최선을 다해 섬기겠십니더."

그날 오후.
"젊은 집사님들, 안에 계십니까?"

나지막한 음성이 창호지 문밖에서 들려왔다. 문을 여니 70세가 훌쩍 넘어 보이는 노인이 손에 막대기를 들고 서 계셨는데, 첫눈에 이 기도원의 원장님이라는 걸 직감했다. 대구에서 개척한 교회를 다른 목회자에게 물려주고 당신은 이곳을 관리하신다고 했다.

"참… 젊은 집사님들, 그러잖아도 일손이 없어 걱정했는데 잘 됐군. 내일 기도원 안의 감을 좀 따 주실라우?"

이 말을 듣는 순간 우리 셋은 서로 얼굴을 멍하니 쳐다보았다.
'세상에… 금식하고 있는 사람들한테 감을 따 달라니!'

그러나 공짜로 기도원을 쓰게 된 우리인지라 두말할 여유 없이

"예" 대답하고 말았다.

  혈기방장한 젊은 육체 속에 매일 들어가던 밥의 공급이 끊기니 뱃속에선 난리가 났다. 겨우 금식 이틀째인데도 웬 허기가 그리 지는지!

  눈에 띄는 것마다 모조리 먹을 것으로 보이는 마당에 군침 도는 홍시를 따고 있자니 고문이 따로 없었다. 양쪽에서 담요를 잡고 떨어지는 감을 받아내는 집사님들의 얼굴도 애처롭긴 마찬가지였다.

  어쩌다 조준이 잘못되어 철퍼덕 땅바닥에 떨어져 빠알간 속살이 터지기라도 하면… 물끄러미 그것을 바라보는 우리는 하나같이 체면 불구하고 엎드려 핥아 먹고 싶은 마음이 굴뚝같았다. 또 하나가 바위 위에 철~썩 하는 순간 뱃속을 저미며 다가오는 성경구절 하나!

  "먹음직도 하고 보암직도 하고 지혜롭게 할 만큼 탐스럽기도 한 그 열매를 따 먹고…. 창세기 3:6"

  왼 종일 걸려 세 접 가까운 감을 따고, 또 아직 땡땡한 것들은 따로 모아서 목사님 거처로 옮겨드렸다. 힘들게 금식하는 집사들에게 잔인한(?) 일을 시켜놓으시고도 조금도 미안해하는 기색 없이 원장님은 단지 속에 차곡차곡 홍시를 챙겨 넣으신 후, 단단한 것들은 곶감을 만들기 위해 껍질을 깎으셨다.

  우리끼리 눈을 마주치며 참 웃기는 노인네라고 속으로 키득거렸다.

"만약에 하나님의 뜻이 있으셔서 저를 장로 시켜주신다믄 열심을 다해 충성하겠심니더"라는 기도만 사흘 내내 드리고 나서 그 어느 때보다 배가 고팠던 금식을 마친 날, 부랴부랴 죽을 끓여놓고 감사! 또 감사함으로 입에 허겹지겁 퍼 넣고는 하산준비를 했다.

짐을 챙겨 차에 싣고 출발하려는데 마침 원장 목사님이 외출 채비를 갖추고 뒤에서 부르셨다.

"집사님들, 나 대구에 가야 하는데 아랫동네 버스 타는 곳까지만 태워주시오."

좁은 콘크리트 도로를 조심스레 내려가는 차 뒷좌석에서 목사님은 이것저것을 물으셨다.

"그래, 기도 응답은 받고 가시우?"

"예, 나름대로는 열심히 기도하고 갑니더."

나는 속으로 목사님을 원망하며 투덜댔다.

'아이고, 목사님… 우째 그리 매정할 수 있심니꺼? 금식 중인 사람들에게 홍시를 따게 하시곤 기도 응답이라뇨!'

그런 내 속마음을 읽기라도 하신 듯 원장님이 빙그레 웃으며 대답하셨다.

"그래요? 나 올해 일흔셋인데 나도 금식기도 중이라오. 40일을 작정했는데 오늘이 열엿새 째로구만…. 집사님들, 돌아가시거든 더 열심히 기도하시우."

버스정류장에 내려 휘휘 건장한 모습으로 매표소를 향해 걸어가시는 목사님의 뒷모습과 남기신 말의 여운에 우리는 낯이 뜨끈한 부끄러움을 느끼며 서로 멀뚱히 쳐다만 보았다.

16일째 금식하던 그분은 감을 깎으면서도 호수 같은 초연함을 보이셨는데, 겨우 3일째인 우리 젊은 사람들은 땅에 떨어지는 홍시 하나에 온갖 유혹을 받으며 경망스러웠던 영혼의 얕은 깊이에 얼굴을 들 수 없었다.

_ 제비는 사람이 뽑으나…

오랜 역사를 자랑하는 청송 진보교회는 장로 세 명을 더 세우기로 결정하고 법적 절차를 거친 후 선임투표를 시작했다.

대여섯 분의 연세 많은 안수집사님들 중에서 새로운 장로가 선출되리라는 예측은 누구에게나 당연했고, 1차 투표 결과 그 예상은 현실로 드러났다.

투표에 참여한 인원의 3분의 2에 해당하는 숫자는 정확히 80표였는데, 김신웅 집사님 한 분만 초과하여 뽑혔을 뿐 다른 사람은 모두 40~50표로 갈라지고 말았다.

2차 투표에서도 양상은 마찬가지였다.

지역적으로도 보수성향이 짙은 농촌인데다 교회 구성원도 대개 가족이나 가까운 혈연관계니 각자가 지지하는 사람은 한결같았다.

숨 돌릴 여유도 없이 3차 투표가 실시되었다.

나같은 떠돌이(우리 교도관들은 한 곳에서 2~3년 근무하면 또 다른 곳으로 인사이동이 되므로 스스로 '전국구'라 부른다)에게 다른 안수집사님들처럼 40여 표가 나온 것만 해도 감사할 따름일 뿐, 장로로 선택된다는 건 바랄 여지도 없었다.

3차 투표의 개표가 시작되었다.

온 교회가 깜짝 놀랄 일이 벌어졌다.

사분오열했던 표가 어느덧 두 사람에게 몰리고 있었다.

김세환 집사, 박효진 집사.

박효진 집사, 김세환 집사.

쉬는 시간도 없이 손에 땀을 쥐게 하는 개표가 끝났다.

김세환 집사 86표.

박효진 집사 79표!

모두 침을 꿀꺽 삼켰다.

불끈 움켜쥔 내 양 주먹엔 축축하게 땀이 배었다.

"아깝다! 한 표 모자라는구나."

옆에 앉은 아내의 얼굴을 슬쩍 훔쳐보니 귓불이 가느다랗게 떨리는 것으로 보아 역시 긴장한 빛이 역력했다.

재검표가 끝나고 목사님이 투표결과를 선언했다.

"김세환 집사님, 86표로 장로로 세움 받았으며, 박효진 집사님은 애석하게도 한 표가 모자라서…."

바로 그때 누군가 큰 소리로 의장을 불렀다.

모두의 눈이 소리 나는 쪽을 쳐다보니 성가대 지휘를 맡고 있는 김용출 집사(현재 명문교회 시무장로)가 손을 들고 벌떡 일어서서 말했다.

"의장, 박효진 집사님은 장로로 선출되었습니다."

"아니, 한 표가 부족한데요."

"참석 인원을 다시 파악해보세요. 2차 투표가 끝나고 집사님 한 분이 밖으로 나가서 3차 투표에 불참했습니다."

득표와 재적을 고려해 다시 계산해보니 3분의 2는 79표로 확정되었다.

"정정합니다. 박효진 집사님은 장로로 피택 되었음을 성부와 성자와 성령의 이름으로 선포합니다!"

교인들의 축하인사를 받으면서도 나는 기쁨보단 오히려 엄청난 중압감을 느끼며, 연세 드신 안수집사님들 보기에도 민망스러웠다.

집으로 돌아오는 내내 이덕진 강도사님의 얼굴과 기도원 노 목사님의 얼굴이 겹쳐 보였다. 전혀 다른 두 분의 모습이었지만 내게 말하고 싶은 본질은 같은 듯했다.

서울의 강도사님께 급히 전화를 걸었다.

한 편의 영화처럼 극적이었던 투표과정을 설명하면서 비로소 장로

된 감격이 실감 나자, 든든한 자부심마저 맘 깊은 곳에서 올라오기 시작했다.

그 순간, 강도사님이 얼음장처럼 차갑고 날카로운 칼날을 내 심장에 꽂았다.

"박 집사님, 우쭐대지 마세요! 기분 좋아하지도 마세요!"

같이 기뻐하고 마냥 축하해줄 줄 알았던 믿음의 형제요 스승 같은 분이 이토록 냉정할 수 있을까? 약간 섭섭해지려는데 다시 의미심장한 말씀이 이어졌다.

"집사님, 79표의 의미를 잘 아셔야 합니다. 절대적으로 자격이 안 되는 집사님을 강권하여 장로로 부르신 그 은혜를 잊으시면 안 됩니다. 평생을 겸손하게 사셔야 합니다. 장로라고 어깨에 힘줄 수도 없습니다. 그 이유는 79표 안에 다 들어 있습니다!"

전화기를 잡은 채 나는 방바닥에 무릎을 꿇었다. 어느새 눈물이 뚝뚝 떨어졌다. 지금부터 내가 걸어가야 할 기나긴 믿음의 여정에 북극성처럼 빛나는 좌표가 확인되는 순간이었다.

"박효진 집사님, 성경책에도 수첩에도 큰 글씨로 79를 써놓으시고 마음속에도 머릿속에도 항상 79를 새기시면서, 혹시라도 목에 힘이 들어간다 싶으면 여지없이 79를 떠올리세요."

그로부터 많은 세월이 흘러 청송을 떠나 서울로 올라온 나는, 지금도 여전히 이덕진 목사님과 함께 명문교회를 섬기며 하나님께서 부르신 소명의 길을 힘써 달려가고 있다.

언제나 잊을 수 없는 79표의 은혜를 삶으로 나누면서!

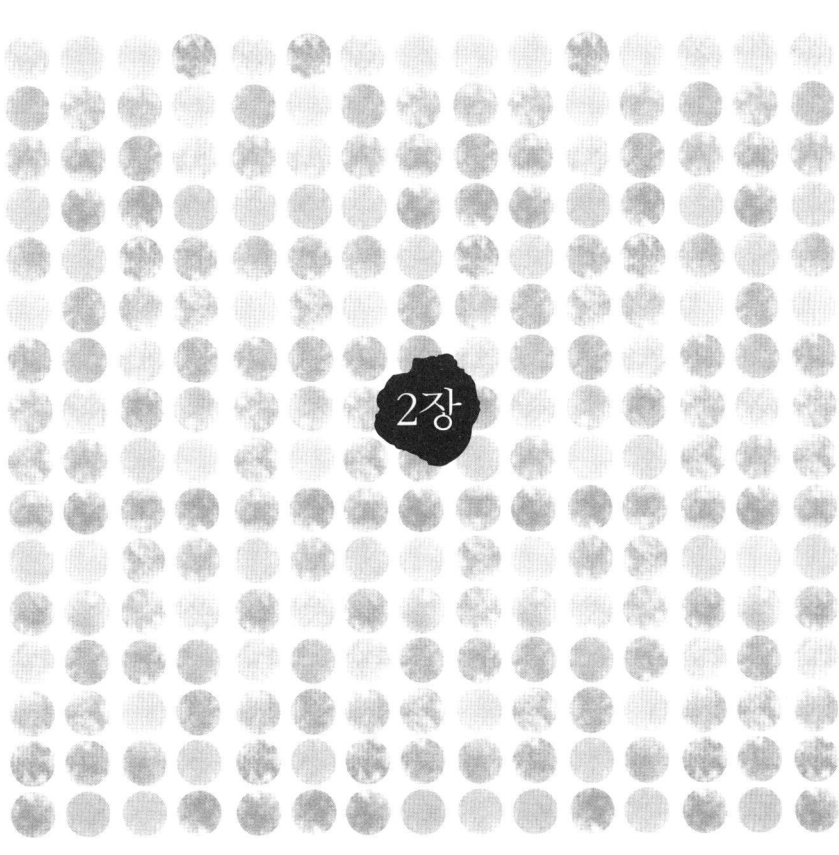

못 말리는 종문이

청송감호소에 종문이라는 흉악범이 있었다.

190센티미터의 키에 성질이 포악해서 잘못 건드렸다간 벌집 쑤신 듯 시끄러워 수용자도 직원도 가능하면 그를 피했다. 어느 날 그 녀석이 같은 방의 재소자를 구타하여 중상을 입히고 붙잡혀 왔다. 당시 조사담당관이던 내가 말했다.

"종문아, 웬만하믄 봐주고 싶지만 니 죄가 너무 커서 도저히 봐줄 수가 없다. 이번에 법에 따라 징벌받고 추가기소 될 끼니까 그런 줄 알고 있거라."

그리고 나서 수갑을 채우고 독방으로 데려갔다. 문을 열고 들어가라 하니, 들어가다 말고 휙 돌아서서 나를 쳐다보며 "야, 박 주임!" 했다.

나는 깜짝 놀랐다.

조사담당관이자 교도관 간부 주임에다 당시 수용자들 사이에서 '지옥에서 온 박 주임'으로 불리던 내게 일개 죄수가 "야, 박 주임" 하고 부른다는 건 상상도 못 할 일이었다. 옛날 성질 같았으면 바로 주먹이 날아갔을 텐데 예수 믿으면 사람이 반쯤 바보가 되나 보다. 나도 모르게 "왜?" 하고 대답하고 말았으니.

그가 욕을 퍼부으며 말을 이었다.

"뭐? 니가 예수 믿는다고? 하나님을 만났다고? 이 사기꾼, 사이비, 날라리야!"

어이가 없어서 "와 내가 사기꾼이고?" 하니 더 가관이었다. "내가 말이야, 성경 좀 읽어봤는데 예수님이 일흔 번씩 일곱 번이라도 용서해주라 하셨어. 그런데 왜 날 잡아 넣냐?" 하는 게 아닌가.

기가 막혀서 그를 그냥 방에 밀어 넣고 문을 잠가버렸다. 그런데 이놈이 펄쩍펄쩍 뛰고 악을 쓰며 철창에 이마를 꽝꽝 찧어댔다. 금세 온 이마가 터져서 피가 펑펑 솟았다. 놀란 직원들이 감방문을 열고 들어가 제지하려는 순간, 그는 자기 혓바닥을 아래윗니로 물고 양손으로 턱을 떠받치며 "누구든 들어오기만 해. 턱을 쳐올려 혓바닥을 끊어버릴 테니" 했다.

내가 철창 앞으로 다가서며 "종문아, 니 와 그라노?" 하는 찰나, 녀석은 입에 머금고 있던 피와 침을 내 얼굴에 푹 뿜어버렸다. 온몸의 혈기가 확 뻗쳐 이놈을 당장 끄집어내다가 지근지근 밟아버리고 싶은데, 돌연 마음 깊은 곳에서부터 울리는 감동이 있었다.

"애야, 이것마저 참아라. 안 그러면 어떻게 하나님의 사람이라고 떳떳이 말할래?"

치밀어 오르는 화를 일단 누르고 와서 세수하고 옷을 갈아입었다. 그래도 벌렁대는 가슴은 쉬이 진정되지 않았다. 직원들이 종문이의 피가 멎었다고 보고하기에 가보니 피범벅이 된 방에서 피비린내가 진동했다. 그의 죄수복엔 피가 말라붙어 움직일 때마다 뻐득뻐득 소리가 났고 눈에선 광기가 번뜩였다. 짐승이 따로 없었다.

직원들은 저렇게 피를 많이 흘렸는데도 물 한 모금 입에 안 대고 악만 쓰고 있으니 벌써 탈수현상이 나타난다며 걱정했지만, 나는 배고프면 먹겠지 싶어 내버려두라고 했다.

_이 최고 악질아!

다음 날 아침.
밤새도록 잠 한숨 안 자고 여전히 물도 한 방울 안 마시며 깡다구로 버티고 있어 탈진이 더 심각해졌다면서, 직원들이 아예 종문이를 내 방에 데리다 놓고 부탁했다.
"이 친구가 우리 말은 도통 안 들으니 주임님이 어떻게든 설득해서 물 먹이고 밥 먹여 살려야 안 되겠습니까?"

나는 여전히 속이 뒤틀려 선뜻 내키진 않았으나 상황이 급박하니 할 수 없이 그를 데리고 앉아 달래기 시작했다.

"종문아, 밥 묵고 물 좀 마셔라. 우선 살아야 되잖나. 나는 정상적으로 법 집행하는 것뿐인데 니가 내하고 원수 된 건 아니잖냐."

그러나 30분이 지나도록 제 놈이 뭐 잘한 게 있다고 눈을 내리깐 채 교만을 떨었다. 좋은 말로는 설득되지 않는다는 걸 알고 나는 극약 처방을 쓰기로 했다.

의도적인 싸움걸기 작전!

"야, 이놈의 자식아. 니가 무슨 독립운동하다 왔나. 이 나쁜 놈아, 더러운 도둑놈아!" 하며 그의 뒤통수와 옆구리를 콱 쥐어박았다. 이들은 한번 호되게 싸우고 나면 오히려 더 풀기 쉬운 습성이 있으므로 그것을 노린 것이다.

"내가 지금까지 교도관 생활을 오래 하면서 수많은 악질 놈을 만나봤지만 니같이 추잡한 독종은 처음 봤다. 에잇, 이 조선 최고의 악질놈아!" 하고 다시 한 번 냅다 후려쳤다. 이쯤 되면 그가 화를 내고 덤벼들어야 하는데, 뜻밖에 흡족한 듯 씨익 웃으며 "사람을 이제야 알아보시누만" 하는 게 아닌가.

우리 예수 믿는 사람들은 "아이고, 권사님 얼굴만 봐도 은혜가 됩니다. 장로님을 보니 하나님을 뵙는 것 같습니다" 하는 소리가 가장 듣기 좋듯이, 흉악한 수용자들은 '최고 악질'이라는 말이 자존심 사는 소리라는 걸 교도관 생활을 하면서도 미처 몰랐던 것이다.

종문이는 그때부터 자기 정체성(?)을 회복했는지 순식간에 기분이 좋아져서, 왕년에 영등포에서 잘 나갈 때 누구누구 배를 몇 번 갈랐고 청량리에서 한창 시절엔 누구 손가락을 몇 개 끊었다는 둥, 폼을 잡으며 '악질 간증'을 늘어놓기 시작했다.

그의 이야기를 듣고 있자니 속이 뒤집혀 '이 짐승 같은 놈아, 그걸 자랑이라고 떠벌리냐?' 하는 경멸스런 눈빛으로 쳐다보니, 이 녀석은 한술 더 떠서 "잘 못 믿으시는 것 같은데 내가 얼마나 악질인지 진짜 한번 들어보겠소?" 했다.

아주 못되게 놀던 17세 때, 오랫동안 가출해 있다가 모처럼 집에 밥 먹으러 들어갔단다. 여동생에게 밥을 차려오라 하니, 동생은 개망나니 같은 오빠가 미운 마음에 늑장을 부리며 차린 밥상을 던지듯 놔 버렸다. 그 순간 종문이가 화를 못 이겨 옆에 있던 호미를 들고 동생의 얼굴을 찍어버렸다는 것이다. 호미에 내리 찍혀 얼굴 반쪽이 날아간 여동생은 지금도 한쪽 얼굴엔 뼈만 남아 있다는 이야기를 피가 말라붙은 징그러운 얼굴로 자랑삼아 해대니 역겨워 구토가 치밀었다.

'이건 인간이 아니야. 짐승도 제 식구를 알고 챙기는데 인간이 우째 이럴 수 있노!'

나하고 직접 관련된 이야기는 아니지만 사람으로서 느끼는 공분이 치빋혀 죽여버리고 싶은 살기마저 드는 순간, 나는 내가 믿는 하나님을 속으로 소리쳐 불러보았다.

'하나님! 아무리 죄인을 사랑하신다 해도 이런 놈은 아니지요? 예수님이 우리 죄를 대신해 십자가에서 돌아가셨다고 하지만 이런 인간을 위해선 아니겠지요? 짐승만도 못한 이놈은 잉태되기 전부터 진노의 자식이요, 만세 전부터 구원의 문밖에 버려진 지옥 백성이 틀림없지요?'

바로 그때 내 속에서 그 옛날 청송감호소 시절, 흉악범 영호 앞에서 "꿇어앉아 용서를 빌어라" 엄하게 명하셨던 그 음성이 다시 쿵 들려왔다(영호 이야기는 전편 〈하나님이 고치지 못할 사람은 없다〉에 자세히 기록해놓았다).

"얘, 너는 뭐 종문이보다 나은 줄 아니?"
"너는 종문이보다 잘난 줄 아느냐?"
두세 번 이런 질문이 들려오자 온몸에 힘이 쭉 빠졌다.
청소년 시절, 아버지가 하시던 일들이 폭삭 망하면서 온 가정이 파탄 났던 때가 있었다. 아버지는 종적을 감추시고 병약한 어머니와 어린 동생들과 함께 몇 끼를 굶으며 버티다 보면 지나가는 강아지조차 부러웠던 시절, 소나비가 억수같이 쏟아지는 밤에 흙탕물 속을 뒹굴면서 하늘을 향해 뭐든 있으면 한번 나와보라고 절규했던 처참한 시절이 내게도 있었다.

이후에 지옥 같은 인생이 회복되고 가정도 정상으로 돌아왔지만, 솔직히 그때 고통은 추억도 하기 싫어 의도적으로 기억 깊숙이 파묻어버린 지난날이 "너는 종문이보다 나은 줄 아느냐?" 하는 음성과 함께 눈앞에 낱낱이 펼쳐졌다.

옆에 있는 종문이의 존재도 잊은 채 넋 놓고 앉아 활동사진처럼 한 장면 한 장면 떠오르는 비참한 과거를 회상하며 '맞아, 내가 저렇게 인간 이하의 삶을 살 때도 있었지. 맞아, 맞아, 나도 저랬었제' 하다가 문득 이런 생각이 들었다.

'저렇게 소망 없이 살던 나도 하나님이 만나주시니 이렇게 새 인생을 사는데, 종문이도 하나님이 손만 대주시면 될 꺼 아이가?'

그 순간 모든 생각이 180도 바뀌었다.

영원히 저주받은 인생이라고 속단했던 이 녀석도 기회가 있을 것이다 싶자 그만 콧날이 시큰하고 눈자위가 뜨끈해졌다. 참고 참았던 눈물이 터지려던 찰나 얼른 고개를 종문이 반대편으로 돌렸다. 아직 그에게 우는 모습을 보인다는 건 자존심 문제였기에 나는 애써 눈물을 감추고 짐짓 퉁명스레 말했다.

"그래, 무슨 말인지 알것다. 내일 얘기하자. 그만 들어가거라."

종문이가 일어나 돌아가는 뒷모습을 보니 벌써 걸음걸이가 중심을 잃고 갈지자로 휘청댔다. 꼬박 이틀 동안 그 많은 피를 쏟고도 물 한 방울 밥 한 톨 입에 대지 않았으니 기력이 쇠할 대로 쇠한 것이다.

그 모습을 보자 그의 어깨 위에 놓인 인생의 짐이 물씬 느껴져 불쌍한 마음이 들었다. 그때까지 재소자들에 대한 내 시각은 한결같았다.

'그래, 고통스럽고 힘들겠지. 하지만 니가 얼마나 많은 사람의 마음

을 짓이기고 얼마나 많은 가정을 깨 났노. 그러니 그 고통도 마땅히 니가 짊어져야 할 몫이제!'

그런데 그날, 나도 밑바닥 인생을 살았던 때가 있었음을 새삼 깨닫고 보니 비로소 그들이 진심으로 애처롭게 여겨지기 시작했다. 나는 탁자에 고개를 파묻고 울며 기도했다.

"하나님, 나 같은 인생도 돌아보셨다믄 종문이에게도 다시 기회를 주이소."

그날 밤 기도하면서 내일은 무슨 일이 있어도 그를 살려야겠다는 결심을 굳혔다.

다음날 출근해보니 종문이는 여전히 삼 일째 물 한 방울 입에 대지 않고 있었다. 정말 독했다.

아침 간부회의를 마치고 독방 사동(舍棟)으로 달려가 담당 직원에게 그를 데려오라고 했다. 중앙사무실에서 그가 문밖으로 나오는 모습을 화면으로 지켜보니 상황이 어제보다 더 나빴다. 겨우 나오긴 했지만 앞으로 걸음을 옮기지 못하고 제자리에서 비틀대며 맴돌기만 했다. 안타까운 마음이 들어 부축해주려고 나는 잰걸음으로 복도를 지나 그에게 다가갔다.

힐끗 나를 쳐다본 종문이는 긴장이 풀렸는지 휘청하다가 푹 고꾸라지고 말았다. 수갑을 차고 앞으로 넘어지면 몹시 아프다. 내가 얼른 달려가서 어깨를 붙잡고 일으키려는 순간, 그가 양손으로 내 발목을 와락 움켜잡고는 악을 쓰며 통곡하기 시작했다.

"주임님, 어제 울었지요? 분명히 나 때문에 눈물 흘렸지요? 지금까지 살면서 누구도 나를 위해 울어주는 걸 본 적 없는데… 어제 그 눈물 내 꺼 맞지요? 틀림없지요?"

나는 감춘다고 감췄지만 그는 내 눈물의 흔적을 훔쳐본 모양이었다. 나도 같이 복도 바닥에 주저앉아서 그를 품에 안았다.

"그래, 울었다. 나는 어제까지만 해도 니같은 건 사람도 아니라고 여겼다. 하지만 알고 보니 니나 내나 다 똑같더라. 일어나라. 어서 가자."

부축해서 내 방으로 데려와 수갑을 풀고 옷을 갈아입힌 후에 빵과 우유를 넉넉히 가져다주었다. 그는 큰 빵 서너 개를 우적우적 순식간에 먹어 치웠다. 우리가 은혜받으려고 3일 금식을 해도 배고파 죽을 지경인데, 이 큰 덩치가 어거지로 굶었으니 얼마나 주렸겠는가. 허겁지겁 먹어대더니 갑자기 빵을 내려놓았다.

"와? 더 먹지!"

"굶다가 한꺼번에 많이 먹으면 탈 납니다."

다행히 정신은 멀쩡한 모양이었다.

목욕탕에 같이 훌렁 벗고 들어가서 그의 몸에 밀라붙은 피를 닦아주고 등을 밀어주는데, 내 자식을 목욕시키는 것보다 더 애틋한 정이 솟았다. 사람 마음이 불과 하루 사이에 이렇게 뒤바뀌다니 참 희한했다. 어제까지만 해도 죽여버리고 싶을 만큼 밉던 녀석이 하나님이 주시는 눈물 한 방울에 이토록 사랑스러워질 수 있다니!

정성껏 그를 씻어주며 내가 만난 주님을 전하니 종문이는 순순히 마음을 열고 예수님을 받아들였다. 그날 이후 그는 완전히 새사람이 되었다.

성령께서 사람을 지배하시면 먼저 생각이 바뀌고 표정이 바뀌고 언어가 바뀐다. 물론 순식간에 천사로 변하는 건 아니지만 분명 어제의 그 사람은 아니다!

믿음의 사람으로 착실히 수형생활을 하던 그가 마침내 모범수로 가석방을 받았다. 출소하던 날, 나는 그의 손을 붙잡고 당부했다.

"밖에 나가서도 최선을 다해 주님을 섬기거래이!"

종문이도 내 손을 잡고 약속했다.

"저도 잘 압니다요. 물고기가 물을 떠나 살지언정 제가 어떻게 주님을 떠나서 살겠습니까!"

그는 땅끝마을에 정착하여 거의 매일 전화로 자신의 근황을 보고했다. 가까운 개척교회에 출석하기 시작했고 성경공부 모임에도 참석한다는 등의 기쁜 소식을 전해주었다. 그러나 매번 뿌듯함과 함께, 물가에 애를 내놓은 듯한 불안감도 떨칠 수 없었다.

몇 달 후 다소 짜증 섞인 어투로 그가 전화를 걸어왔다.

"아무래도 교회를 옮겨야겠어요. 도대체 여기는 적성에 안 맞아요."

"인간아, 교회는 적성 따라 다니는 데가 아니야. 잘 참고 눌러앉아 있거라."

그렇게 다독여서 위태한 고비를 몇 번 넘기며 그럭저럭 잘 정착해 갔다. 청송감호소에서 일 년, 출소해서 일 년 반 정도 믿음생활을 하니 신앙의 틀이 잡혀가는 듯해 안심이 될 무렵, 어느 날부턴가 그렇게 자주 오던 전화가 뚝 끊겼다.

궁금하여 전화해보니 결번이 된 상태였다. 교회에 연락해도 벌써 몇 주째 출석하지 않는다 하고, 집에 있는 여동생도 오빠가 어디 갔는지 모른다고 했다.

나는 또 그가 죄를 지어 수감되었나 싶어서 전국 교도소와 경찰서에 조회해보고, 혹시 범죄조직에게 보복성 변을 당하지 않았을까 걱정되어 시립병원과 시체실까지 확인해보았지만 끝내 행방을 찾을 수 없었다. 종문이는 살아 있기만 하다면 무슨 일이 있든 내게 연락할 사람인데 느닷없이 종적이 끊기니 정말 괴로웠다.

그렇게 훌쩍 일 년이 흘렀다.

나는 길 가다가 키 큰 사람만 봐도 종문인가 싶어 쫓아가 확인해보고, 전화벨이 울리면 혹시 그 녀석인가 싶어 화닥닥 받아보고… 자녀를 잃어버린 부모의 마음을 충분히 헤아릴 만큼 애타는 세월이었다. 결국은 그를 찾을 길 없어 어렵사리 마음을 정리하기로 했다.

'어디 가서 객사했든지 조폭에게 암매장당했든지 무슨 수가 났구

나. 할 수 없지… 이젠 잊어버리자.'

_또동똥통…

그런데 어느 날 퇴근 무렵, 누가 나를 찾아왔다.
세상에, 종문이었다!
한걸음에 달려가 면회실 문을 열고 들어서다가 나는 뒤로 나자빠질 뻔했다. 참으로 요상한 꼬락서니를 본 것이다.
그 덩치가 머리를 빡빡 깎고 승복을 입고 목탁을 들고서 거의 일년 만에 중이 되어 왔다. 순간 배신감에 머리가 핑글 돌았다. 그동안 저놈 때문에 울었던 게 아깝고, 기도한 게 허무하고, 마음 졸인 게 억울했다.
"야, 임마. 대체 이기 무슨 꼴이고?"
"사정이 좀 그렇게 됐습니다."
또동통통 목탁을 두들기며 그가 대꾸했다.
"그거 안 치우나? 꼴도 보기 싫으니 나가라."
"여기까지 왔는데 어떻게 그냥 갑니까. 저녁이나 먹고 가야지요."
또동똥통….
할 수 없이 둘이 나가서 밥을 먹는데 밥알이 모래알처럼 버석거렸다.

"주임님, 너무 그리 무섭게 노려보지 마세요. 꼴은 이래도 아직 제 속에 복음이 있습니다."

"그기 무신 말이고? 그 꼬라지에 무슨 복음이여?"

꾸역꾸역 밥을 퍼먹던 종문이는 그간의 기막힌 이야기를 풀어놓았다.

나가서 한동안은 개척교회에서 신앙생활을 잘했단다.

그런데 갑자기 그의 아버지가 돌아가셨다. 선대부터 물려받은 땅이 고향에 제법 있었는데 개발 붐이 일어 아파트, 상가, 병원 부지가 되면서 큰돈을 보상받았다. 아버지는 그 돈으로 땅끝마을 근처에 좋은 땅을 만 평 가까이 사서 절을 짓고 주지가 되었다. 그러다 갑자기 돌아가시는 바람에 외아들인 그가 절을 상속받았다.

빨리 팔아야 하는데 절 문을 닫고 팔면 값이 내려가고 주지를 고용해 놓으면 월급을 줘야 하니, 우선 절이 팔릴 때까지만 자신이 절을 운영하다가 절만 팔리면 다시 교회로 돌아가는 시한부 주지이므로 걱정하지 말라는 거다.

듣던 나는 배를 잡고 웃느라 입속의 밥알이 다 튀어나왔다. 어디 코미디에나 나올 이야기지 현실 세계에서 있을 법한 일인가? 종문이니까 할 수 있는 짓이었다.

"야야, 그래도 주지를 아무나 하나? 니가 무슨 자격이 있노?" 하니 승려증을 내보여주었다. "우째 땄노?" 하니 너무 쉽단다. 불교에도 크고 전통 있는 종단이 있는 반면 군소 종단도 더러 있는데, 거기 가서 기부금 좀 내고 몇 달 배우면 어렵잖게 받는다고 했다.

"승려증만 있으믄 뭐하노. 주지가 될라믄 염불도 잘해야 하는데, 니가 언제 그런 걸 다 배웠노?"

"염불은 걱정 없어요. 요즘 녹음테이프와 시디가 워낙 잘 나와 있어서 틀어놓고 뚜당땅탕 장단만 잘 맞추면 됩니다."

완전 엉터리 돌중이었다. 그래도 3, 40명 정도가 모이는 작지 않은 절이란다. 때로는 염불 시디를 골라서 돌려놓고 대충 목탁을 두들기다 보면 자기도 모르게 졸릴 때가 있단다. 그러면 무의식중에 "할렐~루야, 할렐~루야"를 해대니 예불하던 신도들이 얼마나 놀라겠는가?

"스님! 스님!"

"흠흠…."

그런 적이 한두 번이 아니라 일대에서 괴짜 중으로 소문이 났다.

게다가 주지 방에 성경책을 숨겨놓고 아침저녁으로 읽는단다.

"그라믄 그동안 왜 소식을 뚝 끊었노?"

"이런 꼴로 전화한다는 게 너무 미안하고 창피해서, 여동생에게도 입 다물라 일러놓고 아무도 모르게 지냈습니다."

"그런데 여기는 와 왔노?"

마침 청송 주왕산 근처의 어느 절에서 자기들 종단에 속한 주지 대회가 열렸단다. 여기 참석하고 보니 바로 근처에 있는 내 생각이 나서, 절 좀 빨리 팔리도록 기도를 부탁하려고 염치불구하고 찾아왔다는 것이다.

_어둠에서 빛으로

그렇게 드라마 같은 만남 후에 나는 길 가다가도, 밥을 먹다가도 "하나님, 종문이 절 얼른 임자 만나서 팔리게 해주이소." 간절히 기도했다.

석 달 만에 절이 아주 좋은 값에 팔렸다고 전화가 왔다.

"십일조 꼭 해라"고 당부했더니 몇억이 넘는 큰돈을 기꺼이 헌금했단다. 종문이는 그렇게 졸지에 부자가 되었다.

그는 지금 아주 목 좋은 곳에 삼 층 건물을 지어서 1, 2층은 횟집을 운영하고 3층은 살림집으로 쓴다. 교회에서 이쁜 처자를 만나 결혼해서 인형 같은 남매를 낳고, 사회사업도 많이 하는 지역 유지다.

여동생은 일본에 성형수술을 몇 차례 보내어 완전히 미인을 만들어서 한 살림 뚝 떼 주어 시집보내 잘살고 있다.

나는 근처에 집회가 있어서 가게 되면 종문이네에 꼭 들러, 어린 것들 붙들고 기도해주고 맛있는 자연산 회를 배부르게 얻어먹고 온다. 아름답게 살아가는 그들을 만나고 돌아오는 길은 언제나 행복에 겨워 찬송이 절로 난다. 참 좋으신 하나님!

만물의 마지막이 가까이 왔으니 그러므로 너희는 정신을 차리고 근신하여 기도하라. 무엇보다도 뜨겁게 서로 사랑할지니 사랑은 허다한 죄를 덮느니라. _ 베드로전서 4: 7~8

알몸난동 진압기

청송교도소에서 야간 근무를 마친 어느 날.

퇴근 시간이 되어 나는 사복으로 갈아입었다. 모든 점검사항을 다음 근무자에게 인수인계하고 비번을 받았으니 드디어 법적으로 24시간 마음껏 쉴 수 있는 자유인이 된 것이다.

막 정문에 이르렀을 때 갑자기 뒤에서 "위잉 위잉" 사이렌이 요란하게 울렸다.

교도소는 워낙 구역이 넓어 모든 비상상황을 사이렌으로 전달하기도 한다. "왱왱왱왱" 짧게 계속 울리면 화재사고, "위이이잉" 길게 울리면 노주사고, "위잉 위잉" 짤막하게 끊어지면 난동사고… 이렇게 각각 사고 유형별로 정해놓은 규칙이 있다.

그런데 들려오는 이 소리는 난동이었다.

'아이고, 다음 근무자들 고생깨나 하겠구먼. 20분 전에만 저 사건이 났어도 내가 처리해야 하는데 오늘 엄청나게 운이 좋구나.' 생각하며 문을 나서려는데 갑자기 마음을 툭 치듯 들려오는 내적 음성이 있었다.

'그래도 가봐야지.'

그러나 또 한쪽 마음은 즉각 반발했다.

'가긴 뭘 가냐, 오지랖 넓게! 내 근무는 이미 끝났는데.'

그렇게 두 마음이 짧은 순간이나마 치열하게 맞섰다. 그러나 다시 들어가 보라는 것은 성령이 주시는 마음이고, 그냥 집으로 가버리자는 것은 육신의 마음이라는 것이 깨달아지자 나는 썩 내키지 않은 걸음이었지만 서둘러 뒤돌아서 현장으로 달려갔다.

_ 딜레마

아니나 다를까 취사장 모퉁이에서 수용자 한 명이 난동을 부리고 있었다. 청송교도소 식당은 2, 3천 명 재소자와 수백 명 교도관의 먹거리를 조리하는 곳이라 상당히 넓다.

출입구 맞은편 저 먼 구석에서 난동 재소자는 옷을 홀랑 벗고 팬티만 입은 채 양손에 식칼을 들고, 이미 목과 손목을 자해하여 피를 줄줄 흘리고 있었다. 칼 하나는 자기 목에 대고 하나는 앞을 향해 들고

서 악을 쓰는 바람에 아무도 접근을 못 하는 채로.

"누구든 가까이 오기만 하면 찔러버리든지, 아니면 내 목을 콱 찔러 죽어버릴 테다!"

이처럼 인생 막장 같은 삶을 사는 재소자 대부분은 사회와 가족으로부터 버림받았다는 자포자기의 끝자락에서 자기 자신마저 사랑하기를 포기한 사람들이다. 그래서 한 번 한다고 하면 무슨 짓이든 하고 마니 함부로 자극하는 건 매우 위험하므로, 교도관 수십 명은 그로부터 30미터쯤 떨어진 거리에서 어찌할 바 모르고 주춤대고만 있었다.

그는 교도소에서 요주인물로 관리되는 명호였다.

성격이 포악할 뿐 아니라 배배 꼬여서 재소자나 교도관 중 누구와도 친하게 지내는 사람이 없고, 늘 독 오른 들고양이처럼 혼자 웅크리고 사는 녀석이었다. 소심하고 세심하고 지랄맞아 별명이 '소세지'인 사고뭉치!

잠시 상황을 살펴보니 시간이 없었다.

이미 흘린 피의 양도 상당한데 이대로 대치되면 곧 과다출혈로 위험한 지경에 이르겠다는 결론이 나자, 나는 앞뒤 잴 겨를 없이 그를 향해 길어갔다.

"계장님, 가시면 안 됩니다. 큰 변 당합니다."

직원들은 극구 말렸다.

"알았다. 내가 알아서 할 끼다."

가까이 다가가니 예상대로 명호는 자기 목을 칼로 지그시 누르며 위협했다.
"가까이 오지 마시오. 한 발짝만 더 오면 내 목을 찔러버릴 거요."
"명호야, 우리, 말로 해결하자. 니 와 이라노?"
나는 걸음을 멈추고 서서 물었다.
"말 필요 없소. 여기까지 용기 있게 온 걸 보니 몸에 무기를 숨겨온 모양인데 안 속아. 가까이 오지 마요."
"나, 무기 없다. 퇴근하려고 사복 입은 몸에 무슨 무기가 있겠노?"
"무기 없이 여기까지 올 리가 없소."
"내 몸에 무기 없는 게 증명되면 나하고 대화할 끼가?"
망설이던 그가 조금 수그러드는 모습으로 동의했다.
"좋아."
나는 내 몸에 무기 없음을 확실히 증명해 보였다.
달리 방법이 없으니 나도 벗기 시작했다. 하나 벗고, 둘 벗고, 결국 나 역시 팬티 바람으로 그와 마주 섰다. 내 평생 이렇게 많은 사람 앞에서 거의 누드가 돼보긴 처음이었으나 상황이 긴급하니 어쩔 도리가 없었다.
"봐라. 아무것도 없잖냐."
"그러면 2미터 앞까지만 오시오."

천천히 걸음을 옮겨 그의 눈을 쳐다보면서 대화를 시도했다.

"니 대체 뭐 때문에 이 난리를 치노?"

우물쭈물하다가 그가 대답하기를, 최근에 어머니가 외아들인 자기에게 말 한마디 없이 재혼해서 분한 마음을 이기지 못해 일을 저질렀다는 것이다.

"야, 임마. 니는 징역 사는 불효자가 어머니 중매라도 해드려야 할 판에 이게 뭔 짓이고?"

"그래도 내가 하나밖에 없는 아들인데 최소한 말이라도 하고 재혼을 하든지 해야 할 거 아니요? 나 그냥 이대로 죽어버리고 싶으니까 말리지 마쇼."

나는 명호만 들을 수 있을 정도로 킥킥 소리 내어 웃었다.

그런 나를 그는 의아하게 쳐다보았다.

"야야, 입에 침이나 바르고 거짓말해라. 니가 그렇게 죽고 싶은 놈 같으면 손에 칼 들었겠다, 진작 니 목을 콱 찔러 죽으믄 되지, 왜 여기저기 살짝 째기만 하고 이 난리를 피우냐? 나도 니 입장 이해는 간다. 일단 열 받아서 자해 난동은 부렸는데 수습은 안 되고…."

멍한 눈빛으로 그는 내 말에 귀를 기울였다.

"…이 교도소에서 니도 체면과 자존심이 있는데 이렇게까지 난리를 쳐놓고 인제 와서 실려달라는 말도 못하겠고, 그냥 있다가는 계속 피가 흘러 죽을 판이고… 이걸 영어로 '딜레마'라 칸다. 내가 보니 니가 지금 딜레마에 빠졌다. 우짤래?"

명호도 자기가 처한 깝깝한 현실을 새삼 확인하고 나니 몹시 당황한 듯했다. 살짝 눈빛이 흔들리는 틈을 타서 내가 제안했다.

"여기 니하고 내하고 둘밖에 없으니 우리 거래하자. 내가 덤벼들어서 칼을 뺏을 테니, 니는 못 이기는 체하고 뺏겨버려라. 그라믄 니도 명분 서고 나도 영웅 되고 할 만한 장사 아이가? 내 말에 동의하거든 눈을 한 번 깜박해라."

그는 한참 있다가 나를 마주 보며 아주 영글게 눈을 꿈뻑했다.

이제 서로 합의했으니 나는 안심하고 적당한 순간에 비호처럼 그에게 달려들어 양손을 잡아 비틀어서 칼을 바닥으로 떨어뜨렸다. 이 녀석은 거칠게 반항하는 척하며 절묘하게 칼을 빼앗겨주는 연극으로 아무도 눈치채지 못하게 완벽한 제압이 이루어졌다.

그제야 직원들이 우르르 달려들어 명호의 상처를 지혈하고 급히 병원으로 옮겼다. 우레 같은 박수갈채가 하늘을 찌르는 가운데 새로운 영웅이 탄생하는 순간이었다.

"아이고, 계장님. 배는 불룩 튀어나오셔서 어쩌면 그리도 물 찬 제비처럼 날쌔십니까?"

"평소에 쌓아놓은 내공이 있잖나!"

그 일이 법무부에 보고되었고 뜻하잖게 장관표창까지 받게 되었다.

"여러분, 교도관 간부가 죄수 한 명의 목숨을 구하기 위해 올 누드가 되어 쌍칼의 위험을 무릅쓰고 난동 현장에 뛰어든 것은 모든 교도관의 표상이요, 살신성인의 모범입니다!"

상을 받는 자리에서 쏟아지는 칭찬은 창피하고 낯간지럽기도 했지만, 어떻게 달리 해명할 수도 없는 상황이라 사건은 그렇게 마무리되었다. 명호도 병원에서 수혈받고 안정되어 교도소로 돌아오고 모든 것이 제자리를 찾았다.

_인생의 승리자

그렇게 이 사건은 끝난 줄 알았는데, 사실은 그때부터가 새로운 시작이었다. 지금까지 어느 누구와 말 한마디 나누지 않던 외톨이 명호가 달라진 것이다. 나를 최고의 은인으로 알고 마음을 열면서 그는 나의 왕팬이 되어갔다. 재소자 중에 누군가 혹시 내 험담이라도 할라치면 명호에게 되려 욕을 바가지로 먹었다.

"그분이 어떤 분인데 감히 네가 싸가지 없이 그분 흉을 보냐?"

나는 그와 자주 만나서 이런저런 이야기를 많이 주고받았다. 나 역시 누구에게도 말하지 않았던 청소년 시절의 고생살이를 들려주면, 이 녀석도 자기가 비침하게 살아온 이야기를 오열하면서 털어놓았다. 그렇게 열린 마음속으로 자연스럽게 복음이 들어갔다.

명호의 매섭던 표정과 눈빛이 서서히 누그러지고, 두 손 모아 기도

하는 모습이 예수 믿는 사람답게 변해가는 모습을 지켜보는 직원과 동료 재소자들은 이렇게 인정할 수밖에 없었다.

"명호가 바뀌는 걸 보니 하나님이 살아 계심을 부인할 수 없네!"

나는 그의 어머니에게 연락해서 이제 명호가 예수님을 믿고 새사람이 됐으니 한번 면회 오시라고 전했다.

"안 갈래요. 아무리 자식이지만 얼굴 보는 게 무서워요."

어머니는 아들이 너무 난폭하여 만나기 두렵다며 거절했고, 명호도 처음엔 어머니에 대한 배신감으로 만나지 않으려 했다. 그러나 두 사람을 끈질기게 설득하여 마침내 만남이 이루어졌.

창살을 사이에 둔 면회실이 아니라 내 사무실에서 특별면회가 허락된 자리에 어머니는 새 남편과 같이 와서 명호와 마주 섰다.

서로 바라보는 게 얼마나 어색하고 힘들었던지 아들은 땅만 보고 엄마는 하늘을 보고 한참 시선을 회피하다가 어쩌다 눈빛이 서로 부딪치는 순간, 오랜 세월 억눌러온 애증이 한순간에 허물어지면서 어머니와 아들은 서로 끌어안고 주저앉아 통곡하기 시작했다. 새 아버지도 울고 나도 같이 울었다.

그 어머니는 이미 면회 오기 전에 아들이 복음으로 변했다는 소식을 듣고 교회에 나가기 시작했단다. 예수 믿는 믿음 안에서 만났으니 더욱 감격스러웠다.

그때부터 명호의 부모님은 한 달에 두세 번씩 그 먼 길을 마다치 않고 달려와서 아들과 새록새록 정을 쌓아나갔다. 새 아버지도 친아버지 못지않게 명호에게 관심과 애정을 쏟았다(언젠가 출소할 새 아들이 두렵기도 했으리라).

그 후 명호는 모범적으로 생활하여 조기 가석방이 되었다.
나는 헤어지기 전에 베드로전서 2장 9~10절 말씀을 나누었다.

너희는 택하신 족속이요, 왕 같은 제사장들이요, 거룩한 나라요, 그의 소유가 된 백성이니, 이는 너희를 어두운 데서 불러내어 그의 기이한 빛에 들어가게 하신 이의 아름다운 덕을 선포하게 하려 하심이라.

"명호야, 니나 내나 똑같이 깜깜한 어둠 속에 살다가 하나님의 빛의 세계로 이끌림 받고 나니 과거와 현재가 이렇게 달라지지 않았나. 이제 나가거든 열심히 하나님 잘 섬기거래이."

출소한 명호는 강원도 동해에 터를 잡았다. 사람 좋은 새 아버지가 조그만 건어물상의 경영을 맡겨주어서 밤잠 자지 않고 노력한 결과, 지금은 종업원을 여럿 둔 큰 가게의 주인이 되었다. 교회에서 만난 부인과 아들딸을 낳고 의젓한 사회인으로 살아가는 그를 대하노라면, 어떤 사람도 포기하지 않으시고 변화시키시는 하나님의 사랑과 능력에 가슴이 벅차오른다.

종종 그는 쥐치, 명태, 오징어 등의 건어물을 수북수북 넣어서 보내온다. 나는 택배를 받을 때마다 전화로 감사를 전한다.

"명호야, 또 보냈네. 고맙대이. 근데 야야, 니는 우째 교도소 안에 있을 때나 밖에 나가서나 째는 게 일이고? 교도소에선 손목 째고 모가지 째고 난리 피더니만, 나가서도 맨날 고기 배 째고 사냐?"

"하하하, 아마 저는 째는 게 사명인 모양입니다."

이제 그는 캄캄한 어둠을 찢고 밝은 빛의 세계로 이끌어주신 하나님의 사랑을 온 세상에 당당히 증거하는 인생의 승리자다!

불 속의 줄다리기

"따르르르릉…."

비상벨 소리가 요란하게 울렸다.

"또 사고 났군, 오늘은 누구야?"

워낙 잦은 사고에 직원들도 이젠 무감각한 듯 짜증스럽고 덤덤한 표정으로 비상상황판을 쳐다본다. 그러나 이상하게도 나는 날 선 긴장감이 온몸의 신경을 팽팽히 당겨옴을 느꼈다.

"9공장인데요. 기동타격대는 벌써 출동했습니다."

보안 서무 직원의 보고를 등 뒤로 하고 불길한 예감이 제발 틀렸기를 바리면서, 나는 날듯이 청송교도소 주 복도를 가로질러 9공장으로 향하는 연병장 모퉁이를 돌았다.

"아!"

현장에 도착하는 순간 다리에 힘이 쭉 빠지면서 현기증마저 났다. 후문 옆에 신축된 9공장 2층의 사방 창문에서 붉은 불길이 검은 연기와 함께 뱀의 혓바닥처럼 날름대고 있었다. 긴급한 비상벨 소리에 몰려든 직원들로 공장 주변은 부산스럽기 그지없었다.

"누구야? 저 안에 있는 애들은."

"아, 계장님! 정호랑 몇 놈이 난동을 부리다가 이제 불까지 질러버렸네요."

"또 정호 그놈이구먼. 공장 입구 철문은 우째 됐노? 잠겼나, 열려 있나?"

"그건 아직 확인이 안 됩니다. 2층으로 올라가질 못해요. 복도에 불길이 너무 거센데다, 공장 입구와 안에는 시너통을 늘어놨답니다."

공장 안엔 작업용 종이상자와 목재가 꽉 들어차 있었는데 시너통까지 여럿 옮겨다 놓았으니 언제 폭발할지 모르는 위급한 상황이었다.

속히 진압하지 않으면 굳이 화재 때문이 아니라도 유독가스에 질식돼 곧 다 죽고 말 것이라며, 현장감독 직원이 숨을 헐떡이며 울상으로 보고했다.

나는 빨리 기동타격대를 올려보내 진압하라고 지시했지만, 수용자 네 명이 담당 교도관을 인질로 잡고 있어 섣불리 진압조를 출동시킬 수 없다며 난감해 했다. 무엇보다 난동자들은 인질의 온몸에 시너를 부어놓고, 누구든 강제로 올라오면 라이터로 불을 붙여 모두 죽고 말겠노라며 협박하고 있기에 더더욱 움직이기가 조심스럽다고 했다.

아래에선 직원들이 2층 현장을 향해 연신 허망한 고함을 질러대며 설득하고 있었다. 바로 그때, 연기가 꾸역꾸역 삐져나오는 공장 안 화장실 창문 밖으로 얼굴 하나가 나타났다.

정호였다.

9공장의 작업반장. 과격한 성격과 악랄한 죄명 등으로 줄곧 요시찰 대상으로 지정되어 특별관리를 받아오다가, 9공장이 신설되면서 작업반장으로 뽑혀 지금까진 그럭저럭 잘 지내왔었다.

더욱이 수시로 내게 찾아와서 자기 공장의 아무개가 집안 형편이 너무 어려우니 좀 도와달라는 부탁을 했고, 그때마다 내가 크든 작든 부탁을 들어주었기에 도움받는 것에 늘 감사하며 머리를 조아리던 그였다. 그러나 역시 타고난 본성과 기질은 버릴 수 없는 것인가…. 나는 울컥하는 배신감에 분노가 끓어올랐다.

아래에서 고함지르는 직원들을 향해 온갖 욕설을 뱉어 내던 그가 나와 정면으로 눈이 마주치자 움찔하며 순식간에 공장 안으로 다시 몸을 숨겼다. 그 모습을 보며 나는 재빨리 머리를 굴려보았다.

'저 녀석이 나를 보고 미안해서 저렇게 피할 정도라면 아직 고마움에 대한 일말의 부담감이 있다는 뜻이니 최악의 경우라도 내 생명을 해치진 않겠구나.'

그런 확신이 들자 마음이 담대해지면서 상황이 더욱 냉철하게 판단되었다. 저 상태로 20분 이상은 견디기 힘들다!

밀폐된 공장 안으로 거의 불이 옮아붙었고 유독가스와 불길은 포화상태였다. 언제 터질지 모르는 시너통.

인질로 잡혀 있는 교도관, 그리고 난동의 주동자인 정호와 또 다른 수용자 셋의 운명은 어찌 될 것인가!

나는 내가 취할 행동을 주저 없이 결정했다.

"올라가자! 주님이 지켜주시겠지!"

주동자 정호가 내 낯을 피한다는 사실 하나에 운명을 걸어보기로 했다. 나는 바로 옆에 있던 직원의 방독면을 빼앗다시피 벗겨서 내 얼굴에 덮어 썼다. 그리고 만약의 사태에 대비해 가스총을 허리춤에 꽂아 넣고 연기가 자욱이 들어찬 복도를 향해 좁은 계단을 올랐다.

바로 그 순간, 내 뒤를 따라 계단을 뛰어오르며 내 팔을 잡는 사람이 있었다. 힐끗 돌아보니 방독면을 착용하고 있어 얼굴은 알아볼 수 없었으나, 전투복 깃에 무궁화 네 개가 번쩍이는 걸로 보아 보안과장이었다.

"박 계장, 죽든 살든 같이 올라갑시다."

몇 년 전 부산교도소에서 재소자들이 소장을 인질로 잡고 난동을 부릴 때, 소장 대신 자신이 스스로 인질 되기를 자청하여 그들을 설득하고 결국 진압한 용기 있는 선배 과장이었다.

방독면의 공기 정화기 아래 고무를 들치고 가쁜 숨을 몰아쉬며 김 과장이 내뱉는 결연한 말에 나도 투지가 솟아올라, 이 멋진 사나이의 손을 꽉 잡고 불타는 2층을 향해 돌진했다.

_인간 줄다리기

　다행히 출입문은 쇠빗장만 걸려 있어 어렵잖게 공장 안으로 들어갈 수 있었다. 예상했던 대로 사방에 쌓인 재료들은 화염에 휩싸였고, 아래층에서 끊임없이 쏘아 올린 물은 발목까지 철벅였다.
　나는 황급히 시너통을 공장 밖 복도로 내던지며 다시 한 번 현장을 둘러보았다. 화염으로 인한 열기와 숨 막힐 듯한 유독가스를 피하고자, 난동 재소자들은 인질 교도관을 끌고 이미 공장 구석의 좁은 화장실 안으로 대피했지만 그곳도 그리 안전하진 못했다.
　만약 그들이 밖으로 나오면 수적으로 2 대 4이니 우리가 절대 불리했다. 그러나 지금처럼 안에 몰려 있는 상태라면, 워낙 좁은 공간이라 한 줄로 서 있을 수밖에 없으니 넷이라는 숫자가 별 의미 없다는 것을 과장과 나는 직감했다.
　우리는 얼른 화장실 문 앞으로 뛰어가 입구를 확보한 뒤, 꽉 찬 연기 속으로 안의 상황을 얼핏 파악해보았다.
　맨 앞에 똘마니 1.
　그 다음 똘마니 2.
　그 뒤엔 몸에 엄청난 양의 시너가 뿌려진 채로 실신한 교도관.

정호는 의식을 잃은 그의 목을 뒤에서 팔로 감고 다른 손으론 라이터를 머리에 대고서 "강제로 진압해 들어오면 불붙여 모두 죽겠다"며 미친 듯 악을 써대고 있었다.

맨 뒤에 똘마니 3.

문 앞에서 보안과장이 방독면을 벗어던지며 그들을 설득했다.

"이제 그만하고 끝내자. 더 이상은 서로 무리다."

바로 그 순간, 잽싸게 똘마니 1이 손을 뻗어 보안과장의 팔을 확 끌어당기는 게 아닌가.

"보안과장 인질 잡자!"

나는 순간적으로 끌려들어 가는 그의 허리를 뒤에서 부둥켜안고 버텼다. 그들도 우리를 안으로 끌어들이려고 용을 썼다.

우린 둘, 그들은 넷이었으나 중간에 축 늘어져 기절한 직원 때문에 뒤의 두 사람은 전혀 힘을 보탤 수 없는 상황이니, 결국 불 속의 인간 줄다리기는 2대 2의 싸움이 될 수밖에 없었다. 사력을 다한 끌어당기기에 서로 지쳐갈 즈음, 내가 보안과장의 귓가에 속삭였다.

"하나 둘 셋에 밀고 들어갑시다!"

내 말뜻을 금방 알아챈 그가 하나, 둘, 셋 하는 순간 우리는 동시에 화장실 안으로 몸을 날려 그들을 덮쳤다. 좁은 곳에 일렬로 서서 우릴 잡아당기던 그들은 도미노처럼 사람 위에 사람이 겹쳐 넘어지고 말았다.

그들 위로 돌진해 들어가는 내 눈에 언뜻 정호가 라이터로 교도관의 머리에 불을 붙이려 하는 모습이 보였다. 그러나 다행히 몇 번을 시도해도 불은 점화되지 않았다. 아마 소방호스로 뿜어진 물기가 라이터를 적신 탓이리라(지금 생각해도 소름 돋는 오싹한 순간이다).

얼른 나는 허리춤에 차고 있던 가스총을 뽑아 정호의 얼굴에 발사했다.

"찌익… 찍… 찌익…."

이게 웬일인가? 꽝! 터져야 할 가스총이 힘없는 오줌발처럼 가스 액체만 찔끔찔끔 흘릴 뿐이었다. 가스탄이나 정비가 불량이었을 텐데, 어쨌든 그 다급한 순간에도 나는 창피한 마음에 얼굴이 화끈했다.

그 사이 정호는 다시 라이터를 켜려고 시도했다.

절대적인 위기 상황에서 본능적으로 위험을 느낀 나는 묵직한 가스총 손잡이로 정호의 이마 중앙을 내리쳤다. 둔탁한 소리와 함께 총은 두 동강 나고 정호는 눈을 까뒤집고 기절하는 때에 맞춰, 2층으로 진입한 직원들에 의해 긴박했던 화재 난동사고는 일단 진압되었다.

우리는 실신한 교도관을 급히 후송하는 한편, 난동 재소자 네 명을 공장 밖으로 끌어냈다. 지금까지의 상황을 겪으면서 극도로 흥분한 직원들은 실신 상태로 업혀 나오는 동료를 보는 순간 분노가 폭발하고 말았다.

"죽여라!"

누군가의 성난 고함과 함께 교도관 수십 명이, 수갑을 찬 채 축 늘어진 그들을 향해 우르르 달려들어 마구 짓밟기 시작했다. 일반적으로 재소자 난동사건은 진압 직후 이런 경우가 가장 위험하다. 화난 직원들이 순간적으로 이성을 잃고 집단으로 보복하는 와중에 크게 다치는 일이 비일비재하다.

재빨리 나, 보안과장, 또 다른 간부 두어 명이 땅바닥에 쓰러져 있는 재소자들을 몸으로 덮어 직원들의 공격으로부터 보호했다.

조금 전 가스총 개머리판에 이마를 맞고 졸도한 정호가 겨우 깨어나서 내 품에 안겨 공포에 질린 눈으로 나를 올려다보았다. 나는 무수히 날아드는 발길질과 주먹질을 온몸으로 막아내며 두 손으로 그를 꽉 껴안은 채 정호의 이름을 불렀다. 의식은 되찾았으나, 흥분한 직원들의 거친 함성과 구타에 사색이 된 그의 풀어진 눈망울을 보는 순간 가엾은 마음에 눈물이 쏟아졌다.

"정호야… 이렇게 살아선 안 되는 기다. 이렇게 비참하게 살아서는 절대로 안 되는 기다!"

정호의 귓전에 입을 대고 외치는 그때, 나는 그의 눈에 가득 고이는 눈물을 보았다. 성난 교도관들의 분풀이를 몸으로 막으며 자기를 끌어안고 눈물짓던 내 얼굴과, 매캐한 연기가 회오리바람처럼 휘몰아 퍼져가는 청송의 하늘을 바라보며 그는 무슨 생각을 했을까?

_거듭남

그로부터 꽤 긴 세월이 흐른 늦가을 어느 날, 소망교도소 부소장실로 전화가 걸려왔다.

"안녕하세요? 정홉니다. 옛날 청송교도소…."

그가 말을 채 끝내기도 전에 내가 화들짝 놀라서 되물었다.

"아, 정호! 9공장 방정호 맞제? 이게 웬일이고?"

오래전 청송교도소 화재 난동사건이 섬광처럼 머리에 떠오르면서, 가스총 손잡이에 맞아 기절하던 그의 모습이 눈앞에 펼쳐졌다.

"이 근처에 볼일이 있어 왔다가 장로님이 여기 근무하신다는 소식을 듣고 뵈러 왔습니다."

내 사무실에서 만난 그는 예전과는 비할 수 없이 안정돼 보였다.

"정호야. 참말로 오랜만이대이. 그래, 요새 뭐 하고 지내노?"

"장로님, 저… 이제 전도사가 되었습니다요."

"저, 전도사라꼬? 아니 우… 우째 전도사님이 되셨능교?"

나도 모르게 말을 더듬으며 높임말이 튀어 나왔다.

출소 이후 인간다운 삶을 살아보려고 이 악물고 몸부림쳤지만, 사방이 꽉 막힌 절망감으로 인생을 끝장내버리리는 생각도 수없이 했단다. 그러나 신기하게도 위기의 순간마다 맘 깊은 곳에서부터 "정호야, 이렇게 살아선 절대로 안 되는 기다!"라며 자기를 끌어안고 눈물로 외치던 내 음성이 떠올라 새로이 힘을 얻어 일어났다고 한다.

험난한 인생살이 고통의 끝자락에서 마침내 하나님의 은혜를 체험하고 뒤늦게 전도사로 부름 받아 주어진 사역을 묵묵히 감당하고 있다는 긴 고백을 잔잔히 들려주는 그의 손을, 나는 흐르는 눈물을 닦을 새도 없이 조용히 잡았다. 나를 바라보는 그의 눈에도 어느덧 그때처럼 물기가 배어났다.

그 옛날 화염 속에서 악을 쓰던 서슬 퍼런 눈빛도, 흥분한 직원들의 발길질을 피해 내 품에 안겨 공포에 떨던 눈빛도 아닌, 이제 주님의 사랑이 한껏 깃든 사역자의 평온한 눈을 바라보며 나는 힘주어 그를 불러보았다.

"방정호 전도사님!"

제사의 실체

성경은 영적 세계의 존재에 대해 명확히 말한다.

그러나 세상은 말할 것도 없고 심지어 교회 안에서조차 보이지 않는 세계에 무지한 경우가 많다. 하나님은 오늘도 여전히 우리의 씨름은 혈과 육을 상대하는 것이 아니라 공중권세를 잡고 있는 악한 영들과의 전쟁이라고 선포하신다.

물론 영적 세계를 알지 못한다 해도 예수님을 구주로 영접하고 구원받는 것에는 지장 없으나, 이 세계를 제대로 모르면 천국 가는 그날까지 악한 영에게 늘 속아서 낭패당하고 영육 간에 큰 손해를 보게 된다.

하지만 영적 세계를 바로 깨달으면 기나긴 신앙 여정에서 시험 들거나 넘어지지 않고 오히려 많은 사람에게 믿음의 선한 영향력을 끼

치며 살 수 있다.

우리 모두 삶 속에서 진정한 승리를 맛보는 은총이 있기를 바라는 마음으로, 내가 경험한 영적 세계의 실체를 몇 가지 나누려 한다.

_사탄아, 물러가라!

"아무리 다양한 치료를 해봐도 차도가 없습니다. 손쓸 수 없는 상태까지 온 것 같은데, 최악의 경우를 염두에 두고 미리 마음준비 하시는 게 좋겠습니다."

의사는 심각한 어조로 치료 가능성이 거의 없다고 선고했다.

교정직 공무원으로서 나의 첫 근무지인 부산교도소 초임간부 시절, 어려운 근무 여건으로 만성 과로에 시달린 데다 특히 전국교도관 사격대회의 교도소 대표로 선발되어 연일 무리한 연습을 강행하다 보니 피로가 겹쳐 급성 늑막염이 발병했고 급기야 입원까지 하게 되었다.

처음엔 대수롭잖게 생각하고 치료받았으나 날이 갈수록 상태가 나빠지고 나중엔 호흡조차 곤란해지니 생명의 위기마저 느낄 정도였다.

하루에 한 번씩 등 뒤로 큰 주삿바늘을 찔러 넣어 링거병 가득히 늑막에 고인 물을 뽑아내는 고통을 옆에서 지켜보는 아내는 매일 눈물로 남편의 치유를 간구했다.

'저렇게 기도한다고 뭐가 달라질까? 기도란 그저 일종의 자기 위안에 지나지 않을 뿐… 기도한다고 병이 다 나으면 병원들 문 닫고 의사들은 실직자 되겠네.'

침대에 누운 채 나는 기도하는 아내의 모습을 시답잖게 바라보며 속으로 비아냥대기만 했다.

박효진 집사!

믿음이 뭔지도 모르고 그냥 아내를 따라다니던 교회에선 일찍이 내게 집사 직분을 주었다. 그러나 당시 나는 하나님이란 그저 두려움에 떠는 인간들이 기댈 언덕으로 만들어 놓은 가공의 절대자이며, 이스라엘 민족종교의 창시자쯤으로 여길 뿐 그 존재를 믿지 않았으니 신앙 수준이 불신자와 다를 바 없었다.

그래도 눈치는 멀쩡해서 교회 앞 백 미터 앞에서부턴 거룩하게 표정관리 잘하고, 졸다가도 "믿습니까?" 하면 자동으로 "아멘!" 할 줄 알았으며, "할렐루야!" 인사도 멋들어지게 했다. 그러나 교회 문만 나서면 줄담배를 피우고, '폭탄주 제조공장 공장장'으로 명성을 날리며, 남의 패가 훤히 보이는 고스톱의 은사(?)를 휘둘러 용돈을 벌어가면서 신나게 살았다.

"예수는 박 주임같이 저렇게 믿어야 해. 마실 거 다 마시고, 피울 거 다 피우고, 할 짓 다하고… 교회는 저렇게 열린 맘으로 다녀야 하는 거여."

 그즈음의 나는 소장을 비롯한 간부들과 부하 직원들까지 공인하는 한량으로, 이런 칭찬 아닌 칭찬을 들을 때마다 매우 흐뭇했다.

 내 눈엔 내가 지극히 정상이고, 열심히 신앙생활 하는 사람들은 모두 광신자, 맹신자, 우신자로 보였다. 늘 기도한다면서 징징 울기나 하고, 이 먹을 것 많은 세상에서 툭하면 금식한다며 배를 곯고 다니질 않나, 망해도 감사하고 깨져도 감사하다고 하는 그들이 내겐 인생을 너무 무책임하게 사는 한심한 사람들이었다.

 정작 나 자신이 한심한 교인이었지만 그래도 아내는 그나마 교회에 나가주는 것만으로 행복해했고, 엉터리 신자인 남편도 언젠간 믿음의 눈을 뜨고 올바른 신앙인이 되리라는 소망으로 기도하며 손꼽아 그날을 기다리고 있었다.

 내 병세가 날이 가도 차도가 없는 암담한 상황에서 병실에 누워 뒤척이던 어느 날 밤, 숨이 컥컥 막히도록 가슴을 눌러오는 통증으로 몸부림치다가 겨우 얕은 잠에 빠진 때였다.

 꿈을 꾸었다.

 돌아가신 할아버지가 나타나셨다. 옛날 어른답지 않게 키가 훤칠하시고 영화 '바람과 함께 사라지다'의 남자 주인공 클라크 게이블을 닮아 서구적이셨던 그 모습 그대로.

 할아버지는 내게 한학을 비롯한 인생의 많은 것을 가르쳐주신 스승이자 멘토로 어릴 때부터 내가 가장 신뢰해온 삶의 기둥이셨는데, 꿈속에서 간곡히 당부하셨다.

"효진아, 네가 왜 교회에 가 있느냐? 너는 우리 집안의 종손이며 가문의 대표가 아니냐? 온 문중과 조상님들이 너를 기다리니 넌 거기 있어선 안 된다!"

우리 집은 밀양 박 규정공파 대종갓집.

종가의 고유한 제사가 1년에 13번, 명절과 시제·묘사 등을 합하면 헤아리기조차 어려울 정도로 제사를 많이 지내던, 유교와 불교가 혼합된 특이한 가문이었다.

그 가문의 종손으로 문중을 이어가야 할 나였지만, 결혼 후 예수 믿는 아내에게 이끌려 자의 반, 타의 반으로 교회를 다닌 지 수년이 지나도록 제사는 물론 문중회의조차 참석하지 않는 나를 보며 집안 어른들은 큰 실망과 함께 가문의 위기마저 느끼던 참이었다.

내 마음 한구석에도 그 문제는 늘 부담스러운 짐이었기에 꿈속 할아버지의 말씀을 거역하지 못하고 순간적으로 승복하고 말았다.

"예, 할아버지, 알겠심더. 교회는 그냥 아내 따라 다닐 뿐이니까 걱정하실 거 없고요, 곧 정리하고 문중으로 돌아가겠심더."

그렇게 약속하고 홀연히 잠에서 깨니 방금 실제로 할아버지가 다녀가신 듯 생생했다. 나는 옆에서 자고 있는 아내를 깨워 심각하게 말했다.

"여보, 방금 꿈에서 할아버지를 만났는데 생시랑 똑같아. 나 아무래도 이제 교회 그만 나가고 종손 위치로 돌아가야 할 거 같네."

아내가 두 손으로 얼굴을 감싸고 울기 시작했다. 믿음이 있건 없건 일단 교회에 출석하는 것만으로 우선 안심했는데, 갑자기 그마저도 관두겠다는 말은 청천벽력이었으리라.

둘째 날 밤, 거의 같은 시각.

꿈에서 어제와 동일한 모습으로 나타난 할아버지는 또 신신당부하셨다.

"효진아, 속히 문중으로 돌아오너라. 조상님들이 너를 얼마나 기다리시는지 아느냐?"

"예, 잘 알겠심니더. 틀림없이 가문으로 돌아가겠심니더."

사흘째, 또 같은 꿈을 꾸었다.

이번엔 할아버지의 손에 붓과 한지가 들려 있었다.

"효진아, 오늘은 나와 약속하고 수결(手決) 하자꾸나."

꿈속에서 나는 종이와 붓을 받아들고 그의 요구대로 서명할 준비를 했다.

바로 그 순간.

마음속에서 '가만있자… 지금 내 앞에 있는 저 분이 진짜 할아버지가 아닐지도 모른다'는 생각이 얼핏 스쳤다. 그래서 그동안 교회를 오가며 귓전으로 들었던 대로 흉내 내어 나직이 말해보았다.

"사탄아, 물러가라."

그러자 인자하고 중후하던 할아버지의 얼굴이 마치 뜨거운 난로 속에 집어 던져진 양초처럼 흐물흐물 녹아내리는 게 아닌가!

그 가면 뒤엔 보기에도 섬뜩한 해골 같은 수많은 사악한 존재들이 지렁이처럼 얽혀 꿈틀대고 있었다.

"사탄아! 물러가라!"

너무나 놀란 내가 한층 더 강한 어조로 명령하자 그들은 캑 하고 단말마의 비명을 지르더니 허공으로 형체도 없이 흩어져버렸다. 화들짝 꿈에서 깨어나는 내 입에서 저절로 "할렐루야!"가 외쳐졌다.

훗날 생각해보니, 당시 나는 전혀 믿음 없는 맹탕인 줄 알았는데 그래도 짧지 않은 세월 동안 교회에 오간 것을 보시고 주님께서 조금이나마 내신성적을 인정해주신 것 같다.

아내는 내 이야기를 다 듣고 연신 기쁨의 눈물을 흘리며 '감사합니다'라는 고백으로 밤을 지새웠다.

그 이후 내 영혼이 살아계신 하나님을 만나고 거듭나서 믿음의 눈을 뜨기까진 더 많은 시간이 지나야 했지만, 감사하게도 하나님은 이미 이때부터 은혜의 손길로 나를 꽉 잡고 계셨던 것이다.

악한 영들은 오늘도 다양한 모습으로 나타나 우리를 속인다. 꿈으로, 점술사를 통해, 심지어 문화와 예술과 학문의 세계까지 침투하여 할 수만 있다면 택함 받은 백성마저도 넘어뜨리려 한다는 것을 알고 늘 깨어 있어야 한다.

"사탄아, 물러가라!"

이 한마디 외침은 영적으로 혼탁한 시대를 살아가는 우리의 강력한 무기다.

_제사의 실체

내가 중학생 때, 대구에서 대학교에 다니던 가까운 친척 규호 아재(아저씨)가 낙동강에 빠져 죽은 사고가 일어났다. 장마로 홍수가 지는 바람에 열흘 뒤에야 꽤 먼 곳의 다리난간에 걸린 시체가 간신히 발견되어, 그의 아버지와 우리 아버지가 급히 내려가서 근처에 묻어 주었다.

그런데 그 사건 이후 아재의 집에 어려움이 끊이질 않았다. 가족들이 중병에 시달리고 가세가 급격히 기울자 답답한 마음에 점을 보면, 번번이 죽은 아들의 원한 때문이라는 점괘가 나오니 기가 찰 노릇이었다. 하는 수 없이 아재의 부모는 전라도에 아주 용한 영매가 있다는 소문을 듣고 찾아가서, 90세가 넘어 말이 어눌하고 앞도 잘 못 보는 호호할매 무당을 데려와 한풀이 굿을 했다.

무당은 우선 죽은 혼백을 모셔와야 한다며 낙동강 사고현장으로 모두를 데리고 갔다. 그러고는 깨끗한 쌀을 소복이 담은 밥사발을 삼베로 여러 겹 돌돌 싸서 긴 끈을 매달아 아재가 빠져 죽은 그 자리, 깊은 물 속에 드리우더니 한참 굿판을 벌인 후 끄집어 올려 풀어보았다. 그런데 놀랍게도 쌀 안에 머리카락 세 올이 박혀 있는 게 아닌가. 말총처럼 삐죽삐죽 서는 규호 아재의 억센 머리카락이 틀림없었다.

그것을 싸 들고 다시 대구로 와서 굿을 하는데, 드디어 할매 무당에게 신이 내렸다. 몸을 한 차례 부르르 떨고 난 무당의 입에서 걸쭉한 규호 아재의 음성이 흘러나왔다.

"어이 춥다! 아이고 추워라… 나는 추운 땅속에 처박아놓고 느그들은 뜨신 방에서 이불 덮고 자제?(그때가 겨울이었다) 내가 느그들 가만 안 둘 끼다!"

총각 장례라 별다른 절차 없이 대충 시신을 광목으로 싸서 땅에 파묻은 것을 알고 있는 터라 모두 잘못했다고 손이 닳도록 싹싹 빌어댔다. 그러자 무당의 조수가 돈을 놓고 빌라고 윽박질렀다. 어린 마음에도 나는 이상한 생각이 들었다. 왜 귀신이 돈이 필요할까?

겁에 질린 사람들이 돈을 잔뜩 쌓아놓고 한참 빌고 나니 그의 음성이 한층 누그러들었다.

"그래, 느그들도 사정이 있었겠지… 어매 아배(전라도 무당이 규호 아재가 쓰던 '어머니 아버지'의 경상도 사투리를 정확히 구사했다), 내가 한강에서 스케이트 타다 빠져 죽은 17살짜리 처자를 알게 됐는데 결혼식을 올려주소. 그라믄 이제 집에 우환이 없을 끼요."

그 말에 혼비백산한 식구들은 부랴부랴 결혼식 준비를 서둘렀다. 비단으로 휘황찬란하게 마당을 꾸미고 인형 두 개를 만들어서 맞절을 시키고 나니 무당이 다시 입을 열었다.

"어매!"

"그래 규호야, 와?"

"내 이제 결혼도 하고 마음이 풀렸으니 내가 가야 할 곳으로 갈 끼다. 그런데 친구 ○○한테 돈 오만 원 빌린 것을 못 갚았으니 대신 갚아주소. 그리고 규봉아(그의 동생이었다), 광에 있는 교육학개론 책에 돈 삼만 원 들었으니 너 가져라."

확인해보니 모두 그의 말대로였다.

아재의 식구들은 아직도 그 충격에 휩싸여서 귀신에게 종노릇하며 산다. 이 신기로운 일을 경험한 그들에겐 귀신숭배가 신앙이 되어버린 것이다. 나 역시 어린 나이에 겪은 이 충격적인 사건으로 죽은 자의 영혼이 귀신이 되어 나타난다는 확신에 사로잡히게 되었고, 더욱이 죽은 조상들이 노하면 우환을 당할지 모른다는 강박관념에 짓눌려 종갓집 종손으로서 더더욱 정성스럽게 수많은 제사를 지내왔었다.

그러나 나중에 예수님을 알고 보니 그 모든 것은 악한 영들의 유치

한 속임수에 지나지 않았다. 그 집안을 대대로 사로잡고 있던 귀신들이 규호 아재의 음성을 흉내 내 영적 세계에 눈먼 사람들을 속여먹는 가증한 쇼일 뿐이었다.

성경말씀에 따르면 죽은 자의 영혼은 결코 귀신이 될 수 없다. 귀신이란 하나님을 대적하여 추방된 타락한 천사들일 뿐!

사람은 죽는 순간 예수님을 구주로 영접한 믿음 여부에 따라 그 영혼이 천국과 지옥으로 들어가고, 예수 그리스도께서 온 땅의 심판주로 다시 오시는 그 날까지 마음대로 이 땅에 넘나들 수 없는 것이 창조주 하나님께서 정해두신 엄정한 법칙임을 확실히 깨닫게 된 또 하나의 사건이 있었다.

내가 성령님의 손길에 붙잡혀 한순간에 삶의 모든 것이 어두운 죄악길에서 하나님이 기뻐하시는 방향으로 돌아선 후에도, 유독 제사 문제는 여전히 마음 깊은 곳에 눈엣가시처럼 박혀 있었다.

조상을 섬기는 것이야말로 인간의 가장 중요한 도리라는 신념으로 일 년에 수십 번씩 제사를 지내며 살아온 내게 제사는 신앙과 같은 것이었기에 쉽사리 떨쳐내기가 쉽지 않았다. 왜 기독교는 효행의 기본이 되는 제사를 굳이 우상숭배로 규정짓는지 선뜻 이해하기 힘들었다.

아내를 따라 교회를 다니고부터는 웬일인지 제사에 참여하기 싫은 마음이 들어 이런저런 핑계로 제사 자리에 빠지긴 했지만, 어쨌든 이

문제가 명확하게 정리되지 않자 슬금슬금 영적으로 침체되기 시작했다. 기도의 문이 막히고 넘치던 기쁨과 찬양이 식어갔다.

'이스라엘에도 우리나라처럼 족보가 있잖은가. 족보라는 것은 조상의 연대기인데, 그들이 조상을 기억하고 기리는 것이나 우리가 제사라는 형식으로 조상을 섬기는 것이 뭐가 다른가?'

누구에게도 털어놓지 못한 이 영적 갈등이 깊어만 가던 어느 날, 하나님은 평생 잊지 못할 분명한 해답을 눈앞에 생생히 펼쳐 보여주셨다. 할렐루야!

거듭난 1987년 1월 하순, 청송감호소에 근무하던 나는 믿음의 동역자인 이 집사님과 밤늦도록 기도하다가 집으로 돌아오던 길이었다.

새벽 1시경.

인적 끊긴 도로를 나란히 걸어서 옹기도마(항아리 등 값싼 도자기류를 만들어 파는 동네) 앞을 지나치는데 난생처음 맡아보는 역겨운 냄새가 진동했다. 구토가 치밀만큼 심한 악취에 우리 둘은 눈살을 찌푸리며 서로 마주 보았다. 기도의 짝과 눈이 마주치는 순간, 나는 이것이 단순한 물리적 냄새가 아니라 영적 기운이라는 것을 직감했다. 분명 옹기도마 안에서 뭔가 심상찮은 일이 벌어지고 있다!

"집사님, 한번 들어가 볼까요?"

"예, 그랍시더!"

동네 안으로 깊숙이 들어갈수록 악취는 더욱 고약하게 풍겨왔다. 냄새를 따라 골목길을 돌아드니 훤하게 불을 밝힌 집이 눈에 띄었다. 활짝 열린 대문 안에 전등불과 촛불을 대낮같이 켜놓고 대청에서 분주히 움직이는 사람들로 보아 틀림없이 제사 지내는 집이었다. 나는 마른침을 꿀꺽 삼키며 동역자의 옷자락을 대문 쪽으로 끌어당겼다.

"좀 더 가까이 가보입시더."

집안 사람들은 빨랫줄을 풀어 마당에 내려놓고(귀신이 들어오다가 걸리지 않도록 하기 위함이라는데, 얼마나 우스운가. 빨랫줄에 걸려 나동그라지는 귀신들이 뭐 그리 무섭다고!) 제상 앞에서 절을 하고 있었다. 상 위엔 갖가지 제물이 차려져 있고, 한가운데는 오늘 제사 주인공 부부의 영정사진이 놓여 있었다.

대충 집안의 상황을 둘러보다가 나는 믿기 힘든 광경에 호흡이 멎는 듯했다. 단 한 번도 보지 못한 세계가 눈앞에 환히 열려 있는 게 아닌가!(이하의 내용은 극히 개인적 체험이므로 신학적인 논쟁거리가 되지 않길 바란다.)

무수한 검은 형체들이 제상 위아래는 물론, 온 허공에 우주유영을 하듯 날아다니고 있었다. 징그럽도록 흉측한 여러 짐승의 모양으로 꺼멓게 번질대는 그들은 올챙이떼처럼 모였다 흩어지기를 거듭했다. 흔히들 말하는 '영안이 열렸다'는 게 이런 거구나 싶어 가슴이 쿵쿵

뛰었다.

그들은 영적 존재라 시간과 공간의 제약을 받지 않으니 수백, 수천 씩 몰려다니면서 제상을 순식간에 뚫어 통과하기도 하고, 엎드려 절 하는 사람들의 몸속에까지 마음대로 들락거렸다. 입속으로 와르르 들어가서 온몸을 휘젓다가 옆구리로 튀어나오질 않나, 제상 위에서 춤을 추듯 차려놓은 음식물을 짓밟아대며 광란의 발악을 하는 기괴 한 모습에 나는 메스껍고 어지러워 대문 기둥을 붙들고 겨우 몸을 지 탱하고 있었다.

"집사님, 저거… 다 보입니까?"

동역자가 내 손을 꽉 잡으며 물었다.

"보이고말고요. 이 집사님도 보입니꺼?"

하나님은 이 놀라운 실상을 더욱 명확히 믿을 수 있도록 내 믿음의 동료에게도 똑같이 영안을 열어주신 것이다.

그러나 정작 내가 놀란 것은, 아무리 눈을 비비고 살펴보아도 오 늘 제사의 주인공인 두 사람의 영이 보이지 않는다는 거였다. 징그러 운 귀신들만 헤아릴 수 없이 북적댈 뿐, 정작 제사를 받는 사람의 영 혼은 어디에도 없었다. 바로 그때 내 안에 거하시는 성령께서 선명한 깨달음을 주셨다.

'지금 네가 보는 것이 바로 사탄의 실체이며 귀신의 실상이다. 죽 음으로 영계에 들어간 영이 제삿날이라고 외출증을 끊어 찾아온다는 것은 망상일 뿐! 제삿날에 후손들이 차려놓은 제사상엔 지금 네 눈에 보이는 저 더러운 귀신들이 조상을 가장하여 찾아와 무지한 인간의 영혼과 육신을 더럽히는 것이다. 그러므로 하나님께 드리는 제사 외에 모든 제사는 귀신들의 놀이터요 사탄의 장난질임을 알라!'

짧은 시간에 내 마음이 명쾌하게 정리되었다.

나는 성령님의 놀라운 교훈에 식은땀을 흘리며 전율했다. 그랬구나! 그동안 수많은 제사를 지낼 때마다 나와 우리 가족이 가증한 귀신들에게 저토록 처참하게 유린당했었구나… 분노로 온몸이 부들부들 떨렸다.

많은 사람에게 복음을 전하다 보면 자주 듣는 이야기가 있다.

"천주교는 제사를 지내도 괜찮다는데 왜 기독교에서만 기를 쓰고 안 된다는지 모르겠어요. 제사만 지낼 수 있다면 당장이라도 교회에 갈 텐데."

바꾸어 말하면, 사악한 귀신들이 제사라는 걸림돌을 교회 문 앞에 두어 사람들이 하나님 앞으로 나아가는 길을 가로막는 것이다. 그러나 나는 옹기도마 제삿집에서 목격한 사실을 바탕으로 이 문제에 대해 분명한 답을 얻었다.

성경이 밝히 말씀하시듯 거짓과 기만의 천재인 귀신들은 우리 민족의 지극한 충효 사상을 이용해 하나의 계략을 만들었다. '제사 지내는 자리에 조상의 혼백이 오신다'는 거짓 의식을 심어놓고 결국 귀신에게 절하는 사람들을 지옥의 동반자로 사로잡아 가는 것이다.

우리나라에서 무속인과 접신하여 나타나는 귀신들은 어김없이 조상이나 가족을 빙자한다. 영물인 그것들은 한 가정과 가문에 뿌리박고 오랜 세월 지켜봐 오면서, 그 집안의 세부사항이나 인간의 과거사를 그야말로 '귀신같이' 알아맞혀 사람을 꼼짝달싹 못하게 옭아맨다.

그에 반해 서양의 영매들이 접하는 귀신은 대부분 일찍 죽은 친구나 형제자매를 앞세운다. 그들의 의식세계에선 조상숭배심보다 친하게 지냈던 사람과의 우정이 더 각별하기 때문이다.

또 중국에는 조상이나 친구 대신 '장군신'이 주로 나타난다. 중국인들은 대륙 기질에 기초한 장군숭배 사상이 특심하여 곳곳마다 장군들의 사당을 지어놓고 섬기기에 귀신들이 그것을 이용하는 것이다.

이처럼 간교한 영들은 개인, 나라, 민족의 가장 취약한 부분을 뚫고 들어와 갈고리를 꿴다. 우리의 효 사상은 미덕 중의 미덕이나 귀신들이 이를 교묘히 악용하여 수많은 사람을 멸망시킨다는 사실을 분명히 안 이상, 나는 가는 곳마다 내가 듣고 본 것을 소리 높여 전하지 않을 수 없다. 이 엄청난 비밀을 밝히 깨닫게 해주신 하나님께 감사와 영광을 돌려드린다.

이방인이 제사하는 것은 귀신에게 하는 것이요 하나님께 제사하는

것이 아니니, 나는 너희가 귀신과 교제하는 자가 되기를 원하지 아니하노라. _고린도전서 10:20

_기도의 황금줄

옹기도마 사건이 있은 지 몇 달 뒤 어느 쾌청한 주일 오후 1시경.
작은 도시 청송군 진보면.
예배를 마친 후 오토바이를 타고 집으로 돌아가던 나는 또 한 번 기이한 일을 경험했다. 그 화창한 대낮에 갑자기 눈앞이 캄캄해지더니 운전 중인 내 눈에 아무것도 보이지 않았다. 대로를 달려가던 중이어서 사고위험을 직감하고 반사적으로 브레이크를 잡아 길 한가운데 급정거를 했다.

암흑 같은 순간은 단 몇 초 만에 끝나고 다시 시야가 회복되자마자 나는 기막힌 광경에 온몸이 얼어붙는 듯했다.

제사 환상에서 본 악한 영들이 이번에도 그때와 같은 모습으로 온 시가지에 가득한 게 아닌가. 혼란한 마음을 추스르는 내 눈에 저만치 앞에서 걸어가는 세 아이들과, 공중을 휘젓던 수많은 악령이 그들을 향해 여러 방향으로 공격하는 모습이 선명하게 들어왔다.

그런데 오른쪽 두 아이는 무방비 상태로 당했지만, 놀랍게도 제일 왼쪽에서 걷는 한 아이는 그 많은 무리가 덤벼들어도 전혀 뚫고 들어

가지 못했다. 대낮의 도로 한 중앙, 오토바이 위에서 나는 넋을 잃고 더 유심히 그 아이를 지켜보았다.

황금빛!
그렇다. 완벽한 황금빛이었다. 눈부신 광선들이 실타래같이 얽혀 무서운 속도로 회전하면서 그의 머리부터 발끝까지 누에고치처럼 감싸는 게 아닌가?
새까만 악한 것들이 떼를 지어 이 아이를 공격하다가 엄청난 속도로 돌아가는 황금빛 회전체에 걸려드는 순간, 고속으로 돌아가는 믹서에 형체도 없이 부서지는 과일들처럼 산산조각 나버렸다.
"오… 주님, 이게 뭡니까?"
나는 오토바이 위에서 전율하며 속으로 외쳤다.
그 순간 눈앞엔 또 다른 환상이 펼쳐졌다.
그 아이를 위해 많은 사람이 기도하는 장면이었다.
이곳저곳에서 그를 위해 중보하는 간절한 기도들이 동아줄처럼 엮여 하늘의 영광스런 보좌 앞에 향연처럼 열납되고, 그 응답으로 황금빛 광선 같은 능력이 아이를 악한 권세들로부터 지킨다는 사실이 깨달아졌다.
"아! 중보기도의 비밀이 바로 이런 것이었군요."
늘 듣던 기도의 필요성과 응답의 실체를 생생히 본 내 눈엔 감격의 눈물이 흘러내렸다.

바로 그 순간, 다시 한 번 앞이 캄캄해지다가 이내 눈이 밝아지고 언제 그랬냐는 듯 평범한 도시의 모습이 원래대로 돌아왔다. 불과 몇 십 초에 지나지 않았으나 몇 시간처럼 길게 느껴졌던 신비로운 체험은 끝났다.

나는 오토바이의 속도를 높여서 앞으로 달려 멈춘 뒤 몸을 돌이키고, 나를 향해 걸어오는 아이들의 얼굴을 유심히 바라보았다. 기도의 능력으로 그토록 멋지게 보호받던 아이의 얼굴이 궁금했다.

그런데 그의 걸음걸이를 보니 신체장애가 있는 것 같았다. 힘든 몸짓과 가쁜 호흡으로 얼굴에 땀방울이 송글송글 맺혀 있어 안쓰러운 모습이었다. 그러나 표정은 얼마나 평온하던지! 가쁜 숨을 몰아쉬면서도 행복에 겨운 광채가 났다.

눈물 어린 중보기도가 이뤄내는 놀라운 응답의 증거를 온몸에 담고 다가오는 그 아이를 힘껏 안아주고 싶었으나, 무심코 나를 지나쳐 걷는 뒷모습을 마음에 소중하게 담으며 기도했다.

"주님! 한평생 누군가를 위해 기도하며 살겠심더. 잠시잠깐의 한마디 기도라도 그의 삶을 보호의 황금줄로 에워싸는 기적을 이룬다는 것을 보여주셔서 감사합니더!"

그날따라 씽씽 달려가는 오토바이 위에서 바라본 하늘은 눈부시게 푸르렀고, 귓전을 스치는 바람은 더없이 상쾌했다.

_기도항아리

내가 섬기는 명문교회를 담임하시는 이덕진 목사님과 어느 날 밤 늦게까지 대화를 나누다가 한방에서 자게 되었다. 잠시 기도하고 잠자리에 들려는데 문득 머리맡에 놓인 그의 성경책이 눈에 띄어 별생각 없이 들춰보았다. 여백에 무슨 그림과 글씨가 빼곡히 적혀 있어 자세히 보려고 얼굴을 책에 파묻으니, 그런 나를 흘깃 쳐다보며 목사님이 물으셨다.

"장로님, 그게 뭔지 알겠습니까?"

"아뇨, 잘 이해가 안 되는데요."

무슨 내용인지 가르쳐달라는 투로 대답하니, 장난스레 웃으며 사모님 외에는 누구에게도 이 이야기를 한 적 없다면서 짐짓 애를 태우셨다. 몇 번 더 승강이를 벌이다가 목사님은 극히 개인적인 체험이니 다만 참고만 하라는 단서를 조심스레 붙인 후, 기도에 관해 본 환상을 들려주셨다.

어느 날 목사님은 깊은 기도 중에 바다같이 넓은 구름 위에서 예수님을 만났다. 예수님의 뒤쪽 넓디넓은 구름바다 위에는 크고 작은 그릇이 헤아릴 수 없이 많이 놓여 있었다.

"주님, 대체 저 많은 그릇들이 뭡니까?"

"성도의 기도항아리란다."

처음 들어보는 생소한 말씀에 어리둥절한 그의 눈에 지상에서 기도하는 성도들의 모습이 보였다.

수많은 사람이 각양각색의 기도를 하는데, 기도는 일종의 빛살 같은 모양으로 기도자의 온몸에서 뻗어 나와 하늘을 향해 올라갔다.

그런데 몇 미터도 올라오지 못하고 피식피식 연기처럼 사라지는 기도들이 무척 많았다. 중언부언하는 기도, 형식적인 기도 등 엄청나게 많은 기도가 어이없게도 흐지부지 허공에 흩어져버렸다.

그나마 소멸하지 않고 하늘로 올라가는 기도도 공중에서 활동하는 무수한 악한 영들이 창, 칼 등의 온갖 무기로 나무를 찍듯 댕강댕강 부러뜨리며 무효화시키려고 미친 듯 몸부림을 쳐댔다.

그러나 그토록 무서운 방해를 받으면서도 삼겹줄처럼 튼튼하게 엮인 기도들은 끄떡없이 하늘나라를 향해 솟구쳐 올라갔다. 언어로 표현할 수 없는 머나먼 거리임에도 순식간에 영광의 보좌 앞으로 성도들의 기도가 다다르니, 천군천사의 찬송이 우렁차게 울려 퍼졌다.

"할렐루야… 할렐루야!"

하나님께서 기도를 받으셨다는 기쁨의 찬양이었다.

보좌에 이른 기도는 각기 기도자들의 기도항아리 속으로 차곡차곡 들어가 쌓였다.

기묘한 광경에 넋이 나간 목사님에게 주님은 다시 자상하게 말씀하셨다.

"기도의 능력이 어떤지 보겠느냐?"

예수님이 어느 기도항아리 속에 손을 넣어 흡사 접시 같은 형상의 기도를 집어 드시더니 땅을 향해 던지셨다. 그 순간 목사님의 영은 구름 위에서 홀연히 다시 지상으로 내려와 하늘을 쳐다보고 있었다.

조그만 점처럼 천상에서 주님의 손을 떠난 기도의 응답은 거대한 원반 같이 땅으로 윙윙 내려와, 결국 필요한 곳에 엄청난 굉음과 함께 눈부신 빛으로 폭발하는 게 아닌가!

목사님은 두려워 떨며 엎드려 있었으나, 마음은 기도의 능력에 대해 새롭게 눈 뜬 환희로 가득했다.

다시 구름 위의 예수님과 마주 선 그가 물었다.

"제 기도항아리는 어느 것입니까?"

주님은 제법 큰 항아리를 가리키셨다.

목사님은 떼를 쓰듯 졸랐다.

"주님, 그 옆에 있는 더 큰 항아리를 주십시오."

"네 평생 기도해도 저 항아리는 다 채울 수 없다."

"제 아내와 같이 채우겠습니다."

그렇게 하라는 허락을 받는 동시에 그는 깊은 기도의 세계에서 다시 현실로 돌아왔다.

"장로님, 그 이후로 아내와 저는 기도를 게을리할 수가 없어요. 그날 받은 큰 기도항아리를 가득 채우려면 시시때때로 기도하고 또 기도해야 해요."

나 역시 하나님 앞에 엎드릴 때마다 내 기도항아리를 떠올린다.

아직 다 채우지 못한 기도의 분량을 생각하며, 눈을 들어 하늘 위 어드메쯤 있을 내 기도항아리를 향해 화살기도를 쏘아 올리기도 하고 잠을 자다가도 벌떡 일어나 무릎을 꿇게 된다.

차곡차곡 쌓여가는 기도의 능력이 주님의 손안에서 응답의 영광으로 폭발하는 매순간을 고대하며!

_ 섬기는 천사

가까운 친척 중에 별난 목사님이 한 분 계신다.

심성도 선하고 보기 드문 인격자임에도 불구하고 신앙적인 면에선 나와 전혀 의견을 달리하던 목사님이었다. 그는 늘 성령의 역사는 사도시대에 끝났으니 지금은 그저 성경 읽고 교훈 받아 선하게 사는 것이 믿음생활의 전부라고 주장했다.

"나는 오늘날도 동일하게 일하시는 성령님을 인정하지 않는 목사님도 안됐지만, 그런 목사님과 함께 신앙생활 하는 그 교회의 교인들이 너 불쌍해요."

"장로님은 어떻게 합동측 장로가 돼서 그렇게 성향이 신비적이요?"

우리 둘은 만나기만 하면 다투었다.

혹여 내가 방언기도라도 할라치면 그는 손사래를 치며 질색했다. 결국 우리는 더 이상 소모적인 논쟁은 하지 않기로 합의했지만, 서로 상대방을 바라보는 눈빛엔 '쯧쯧, 불쌍한 사람'이라는 측은지심이 가득했다.

그런데 몇 년 전 놀라운 일이 일어났다.
그 목사님이 어느 지방 신학교에서 야간강의를 마치고 집으로 돌아오는 길이었다. 깊은 밤 피곤한 운전길에 잠시 쉬어가려고 갓길에 차를 대려는 순간, 깜빡 조는 바람에 시속 90킬로미터의 속도로 큰 나무와 정면충돌하고 말았다. 사고 직전 번쩍 눈을 떴지만 이미 눈앞엔 가로수.
"주여!!!"
온몸으로 외치고 '꽝'하는 찰나, 목사님의 눈에 슬로비디오처럼 믿기 힘든 장면이 펼쳐졌다. 좁은 차 안에 눈부시게 흰빛 나는 거대한 천사가 운전대와 자기 사이를 에어백처럼 가로막고 있고, 또 다른 천사는 등 뒤에서 목사님의 가슴과 이마를 꽉 붙잡고 있는 모습을 선명하게 본 것이다. 그리고 의식을 잃었다.

얼마나 지났을까?
앞뒤가 휴지를 구겨놓은 것처럼 맞붙은 사고차량 안에서 시체를 끄집어내려고 사람들이 모여들었다. 지나가는 트럭을 불러서 앞뒤로 체인을 걸어 당겨 구겨진 차를 펴고 문짝을 뜯어내어 사람을 꺼내고 보니 이게 웬일인가. 분명 만신창이 시체가 되었어야 할 운전자가 머리끝부터 발끝까지 긁힌 데 하나 없이 멀쩡하게 차 밖으로 걸어 나왔으니!

몰려든 사람들뿐 아니라 목사님 자신도 기가 막혀 말없이 종이짝처럼 구겨진 차 한 번 쳐다보고 사람 한 번 쳐다보고, 차 한 번 바라보고 사람 한 번 바라보기만 반복했다. 그중 제일 놀란 이는 물론 목사님 본인이었다.

그는 즉시 땅바닥에 꿇어앉아 대성통곡했다.

"주님, 제가 죽을죄를 지었습니다. 하나님은 지금도 천군천사를 거느리고 위대한 성령의 역사를 일으키시는데 제가 무지하여 그 사실을 부인했던 것을 용서해주소서!"

이제 그는 성령님께 완전히 사로잡혀 입만 열면 "불로! 불로!" 하는 불목사가 되었다.

어제나 오늘이나 영원토록 변함없으신 하나님께서 오늘도 천사들을 보내어 택하신 사람들을 섬기게 하시는 은혜를 찬양한다!

모든 천사들은 섬기는 영으로서, 구원받을 상속자들을 위하여 섬기라고 보내심이 아니냐. ─ 히브리서 1:14

_천국행과 지옥행

　청송교도소는 워낙 오지에 있어 갑자기 재소자들이 큰 병에 걸리면 멀리 떨어진 안동이나 영양 지역의 종합병원에 입원시킨다. 그때부터 교도소 직원들은 긴장을 늦추지 못하고 준 비상체제로 근무에 임하게 된다. 사소한 틈만 있어도 도주할 우려가 있는 재소자들의 관리상태와 직원들의 근무상황을 확인하기 위해 간부직원들은 수시로 병원에 나가 현장을 점검한다.
　그런 직무상의 이유로 자주 드나들던 안동의 한 종합병원에서 우연히 고등학교 동창을 만났다.
　졸업한 지 오래되기도 했지만 예전과는 딴판으로 달라진 모습에 처음엔 알아보지도 못했다. 학교 다닐 때 그 친구는 별다른 특징 없이 평범했는데, 그 사이 신수가 훤해진 게 한눈에 봐도 영락없는 재벌이었다. 금테 안경에, 롤렉스시계에, 손가락에 낀 다이아몬드 반지의 알맹이는 내 눈보다 커 보였다.

"병건아, 대체 니 여기서 무슨 일 하노?"
"이 병원에 근무한다."
　나는 그 말을 듣고 더욱 깜짝 놀랐다.
　내가 알던 그는 고등학교 3년 내내 공부하곤 담을 쌓아서 성적이 바닥을 헤매던 친구였기에 무슨 수로 의사가 됐는지 몹시 궁금했다.

"야야, 니 주제에 의과대학 문도 못 밟을 줄 알았는데 우째 의사가 됐단 말이고?"

그도 막 웃다가 이렇게 대답했다.

"효진아, 내가 시시하게 의사 나부랭이를 와 해먹노?"

세상에, 그 되기 힘든 의사를 나부랭이라니!

"으잉, 그럼 병원장이가?"

"그딴 걸 뭐할라꼬 해먹노?"

"그라믄 재단이사장이가?"

"그 골치 아픈 걸 쓸데 없이 와 하노?"

"그럼 도대체 니 뭐꼬?"

"나 시체실장이다. 영안실 책임자!"

세상에, 자다가 소도 웃을 소리에 내가 배를 잡고 낄낄대다가 그의 가슴을 장난스레 치며 말했다.

"야, 이눔아, 니가 아무리 지 잘난 맛에 산다 해도 시체나 주무르는 주제에 의사를 나부랭이라 카나?"

"모르는 소리 마래이. 돈이 최고인 이 자본주의 사회에서 돈 버는 걸로 치자면야 의사, 병원장, 재단이사장이 내를 못 따라 온다카이."

"시체실에 근무하믄서 뭔 돈을 그리 많이 버노? 월급이 그래 많나?"

"월급은 얼마 안 되지만 이 바닥에서 오래 이 일을 하다 보니 관, 수의, 영구차 같은 장례용품을 독과점 공급하거든. 마지막 가는 길에 쓰는 그 돈은 깎지도 않고 부르는 대로 주지, 아무도 시비 거는 사람이 없대이."

나는 아직 자가용이 없어 오토바이를 타고 다녔는데, 그는 벌써 번질번질한 일제 승용차를 모는 걸 보니 은근히 부러운 마음마저 들었다.

어쨌든 나는 오랜만에 만난 이 잘난 친구에게 내가 하나님을 체험하고 거듭난 이야기를 들려주었다.

"병건아, 니도 알다시피 나도 학교 다닐 때 얼마나 골치 아팠노. 그런 내가 이제 예수 믿고 장로까지 됐다 아이가…."

성경말씀에 때를 얻든지 못 얻든지, 듣든지 안 듣든지 복음을 전하라 하셨으니 예수 믿고 구원받자고 권하긴 했으나, 내가 볼 때 그는 절대 믿을 인간이 아니었다. 나는 오랫동안 수많은 재소자를 대해서 눈빛만 봐도 절도, 사기, 강도… 등 사람의 정체를 웬만큼 알아맞힌다.

그런데 이 친구가 내 말이 끝나자마자 "그래, 믿을게" 하는 게 아닌가. 전혀 뜻밖의 반응에 나는 깜짝 놀랐다.

"믿기는 하겠는데 한 가지 조건이 있대이. 지금 예수 믿으면 먹고 싶은 술도 맘껏 못 먹고 놀고 싶은 대로 놀지도 못해서 아까우니, 실컷 먹고 놀다가 죽기 일 년 전쯤에 예수 믿고 아주 효과적으로 천국 갈란다."

얼핏 듣기엔 나를 놀려먹는 농담 같았지만 '천국 가야 하겠다'는 말은 아무나 할 수 없으므로 나는 그의 말꼬리를 잡았다.

"니가 천국을 아나?"

"그럼, 잘 알제."

"우째 아노?"

"내가 비록 아직 교회는 안 다니지만 웬만큼 예수 오래 믿은 사람들보다 천국과 지옥은 더 잘 안대이. 다년간 시체를 만졌기 때문에 관 뚜껑만 열어봐도 이 사람이 천국행인지 지옥행인지 구분할 수 있다 아이가…"

그는 갈수록 더 흥미로운 이야기를 했다.

"…예수 믿다가 죽은 사람과 안 믿다가 죽은 사람은 한눈에 척 알 수 있거든. 예수 믿지 않던 사람의 시체는 보는 순간 언제나 오싹하게 한기가 드는 기라. 하나같이 눈을 부릅뜨거나 혀를 빼물거나 오만상을 쓰고 있어서 무시무시해. 근데 예수 믿던 사람들은 몹쓸 병으로 그렇게 아파하다가도 임종이 가까워질수록 이상하게 얼굴이 환하게 펴지믄서 편안한 모습들이니 도무지 죽는 사람 같지가 않아. 한둘이 아니라 보는 족족 그러니 나도 예수 믿으면 좋은 데 간다는 걸 아니까 언젠간 믿을 끼야."

그러면서도 그는 여전히 예수는 뒷전이고 술 퍼먹고 노느라 정신이 없다.

내 친구 병건이 이야기만 들어봐도 분명히 알 수 있듯이, 사람은 죽음을 목전에 두면 영안이 열려 영적 세계가 보인다. 예수 없이 살던 사람이 임종을 앞두었을 때 자기를 잡아가려고 서 있는 지옥의 악한 영들을 보는 순간 표정이 어떻겠는가? 공포의 몸부림만 남을 수밖에. 지금까지 예수 믿으라는 소리를 우습게 흘려들었는데, 이것이 임박한 현실로 다가와서 영원한 지옥불 속에 떨어질 자신의 처지를 생각하면 그 절망감이란!

그런데 예수님과 동행하며 한 생애를 살다가 이 땅을 떠나는 순간, 홀연히 하늘문이 열리고 밝은 빛의 세계 속에서 천군천사가 자기를 맞으러 오는 모습을 볼 때 얼마나 행복하겠는가? 영원한 하늘나라로 들어가는 자의 희열에 찬 표정은 천국을 넉넉히 증명하고도 남으리라.

예수 믿는 게 얼마나 큰 복인지!

거지로 온 천사

청송감호소 서무주임으로 근무할 때다.

어느 날 서무과 직원들 간에 의견이 모였다. 격무에 지친 심신을 풀어보자는 누군가의 제의에 따라 오랜만에 야외로 나가서 체육대회도 하고 맛있는 점심도 먹기로 했다.

화창한 토요일 오후, 근교에 있는 예비군 사격장으로 나갔다. 각자 먹음직한 음식을 준비하고 가벼운 운동복 차림에, 소풍 가는 애들처럼 들뜬 분위기였다. 나도 어린 아들을 오토바이 뒤에 태우고 오랜만에 신바람이 나서 속도를 냈다.

예비군 훈련장은 참 넓었다. 잘 다듬어진 운동장 한쪽에선 직원들이 족구에 열을 올렸고, 다른 쪽에서는 미니 축구가 치열하게 벌어졌다. 나도 땀 흘리고 이리저리 뛰면서 마음껏 즐겼다.

그런데 아까부터 자꾸 내 신경은 사격장 지붕 밑을 향했다. 웬 사람이 미동도 없이 서서 우리가 노는 모습을 뚫어지게 바라보고 있었다. 족구를 하는 중에도 나는 점점 더 그쪽에 마음이 쓰였다.

'누굴까? 대체 뭘 하는 사람인데 한 시간이 넘도록 꼼짝 않고 서서 구경만 하고 있나…'

운동경기도 끝나고 점심시간이 되었다.

둘러앉아 고기 굽는 냄새가 하늘을 찌르는데 그때까지도 그는 망부석처럼 이곳을 바라보며 서 있었다.

직원들이 식사준비를 하는 동안 나는 아들의 손을 잡고 천천히 그를 향해 발걸음을 옮겼다. 가까이 가서 보니 너무나 남루한 거지였다. 헝클어진 머리, 얼굴을 뒤덮은 수염, 온몸에 흐르는 땟국은 차마 눈 뜨고 볼 수 없는 꼴이었다.

나는 그에게 바짝 다가서서 눈빛을 살폈다. 자기 코앞까지 온 내가 의외라는 듯 두려움이 설핏 그의 얼굴을 스쳐 갔다.

"이봐요, 여기 서서 뭐하고 있심니꺼? 배고프지 않아요?"

그는 대답 대신 손으로 입과 귀를 가리키며 휘휘 내저었다.

듣지도 말하지도 못하는 농아 거지!

이젠 내가 손짓으로 그에게 의사를 표현했다. 밥 먹는 시늉을 했더니 금세 알아들었는지 반가운 듯 고개를 끄덕이며 나를 따라왔다.

겁에 질린 아들 녀석이 내 손을 꼭 붙잡고는, 뒤따라오는 거지의 얼굴과 내 얼굴을 번갈아 쳐다보았다.

그런데 그는 우리 일행이 있는 곳의 중간쯤까지 오다가 땅에 털썩 주저앉아버렸다. 자기와는 딴 세상 사람처럼 웃고 즐기는 이들 곁으로 다가간다는 게 겁이 났을까.

나는 노릇노릇 구운 삼겹살과 밥을 가져다가 거지에게 내밀었다. 얼마나 배가 고팠던지 그는 덥석 밥그릇을 품에 안고 숟가락으로 밥을 수북이 퍼서 입으로 가져갔다. 그러나 반도 입으로 들어가지 못하고 푸슬푸슬 바닥에 떨어져버렸다. 무슨 병을 앓는지 양손이 벌벌 떨려 숟가락질조차 힘든 상태였다.

보다 못한 내가 직접 상추에 밥을 싸서 입에 넣어주었다. 그는 몇 개 남지 않은 누런 이빨을 히죽이 내보이며 맛있게 받아먹었다.

옆자리에 쪼그리고 앉아 신기한 듯 우리를 쳐다보는 아들의 맑은 눈동자를 보는 순간, 가슴 속에서 뜨거운 덩어리가 치밀면서 눈물이 쏟아졌다(원래 나는 눈물이 많은 사람이 아닌데, 성령님의 내주가 시작된 이후 조그만 일에도 주체할 수 없이 눈물이 나와 낭패스러울 때가 자주 있었다).

'하나님, 도대체 왜 이 사람은 이런 모습이며 저 사람들은 저런 모습입니꺼? 이 걸인도 어릴 땐 내 아들처럼 귀하게 자랐을 낀데…'

"아빠, 왜 울어?"

아들이 내 팔을 잡고 흔들며 걱정스럽게 나를 쳐다보았다. 그 눈빛에 나는 감정이 더 격해져서 아예 흑흑 소리 내어 울며 계속 밥을 떠

먹여 주었다.

'하나님, 많고 많은 사람 중에 오늘 왜 하필 제게 이 사람을 보여주심니꺼? 무슨 말씀을 하고 싶으신 겁니꺼?'

한참을 그렇게 앉아 있으려니 뒤쪽 분위기가 이상한 게 느껴졌다. 돌아보니 직원들이 모두 내 쪽을 쳐다보고 있었다. 어느새 임영옥 양(지금은 목사의 아내가 되었다)이 옆에 다가왔다.

"주임님, 제가 먹여줄게요."

젊디젊은 처녀가 상거지 앞에 쭈그리고 앉아 상추쌈을 입에 넣어 주는 모습은 감동 그 자체였지만, 다른 직원들은 '아이고, 저 못 말리는 또라이들…' 하는 조소의 눈빛이 역력했다.

운동회를 마치고 돌아오며 나는 계속 하나님께 물었다.

'저 사람을 제게 보내신 이유가 뭡니꺼?'

집에 돌아와 잠자리에 들기까지도 내 생각은 끊임없이 그 거지를 맴돌았다.

'그냥 우연일 끼야. 하루에 만나는 사람이 어디 한둘인가….'

그렇게 애써 무심히 넘어가려고 했지만 마음 깊은 곳에서 드는 생각은 그게 아니었다.

'참새 한 마리 떨어지는 것도 하나님이 허락하시지 않으믄 안 되고, 예수 안에 있는 사람들한테 우연이란 없다는데….'

이 생각 저 생각으로 그날 밤은 좀체 잠을 이룰 수 없었다.

다음날 아침에 출근해서도 사격장 사건은 계속 내 의식의 언저리를 맴돌았다. 시간이 지나자 점점 생각의 가닥이 잡히고 의문의 실타래가 한 올씩 풀려갔다.

내가 하나님의 불가항력적인 은혜로 거듭나고 모든 것이 변했다고는 하지만, 아직 물질에 관해선 예전 그대로라는 사실에 눈이 떠졌다. 과거에 세상적으론 '관행'이었다 해도 주님이 보시기에 합당치 못한 방법으로 모인 사소한 재물조차 마음에 거리낌이 되었고, 그런 기반 위에서 누리는 삶의 안정과 풍요로움마저 진정으로 회개하지 않는 한 내 영적 상태는 하나님 앞에서 거지꼴이라는 생각이 번쩍 들었다.

성령님을 만난 뒤 거의 모든 습관, 의식, 행동이 전격적으로 강 이편에서 저편으로 건너왔으나 물질에 대한 기준과 집착만큼은 옛 모습에 머물러 있다는 자각에 이르자, 그 남루한 거지를 내게 보여주신 하나님의 큰 뜻이 파도처럼 내 영혼을 덮쳐와 뜨거운 눈물이 쏟아졌다.

물질마저도 요단강을 건너게 하시는 주님!

_온전한 새출발

이틀 동안 곰곰이 생각하다가 아내와 조용히 마주 앉았다.

허랑방탕한 남편에게 하나님의 은혜가 임하시기만을 긴 세월 동안 눈물로 기도하며 살다가, 한순간에 놀라운 믿음의 사람으로 돌변한 남편이 혹 시험에 들어 옛길로 돌아서지나 않을까 여전히 마음 졸이며 조심스레 나를 살피는 아내의 손을 잡고 나는 청천벽력 같은 말을 내뱉었다. 사격장에서 만난 거지 이야기를 서두로 꺼내며 며칠째 생각하고 정리한 결론을 털어놓았다.

"여보, 이제 물질마저도 온전히 새출발해야 할 것 같아. 지금까지 우리 꺼라고 움켜쥐고 있던 것을 주님 앞에서 다 손 털어버리고 흠 없이 처음부터 다시 시작하고 싶어…."

아내는 너무 놀라 멍하니 나를 쳐다보았다.

내가 말을 이었다.

"…살아가는 것 자체가 주님의 은혜라고 늘 입으로는 고백하지만 진정한 의미에서 우리가 과연 그렇게 살고 있는 걸까?"

"빙빙 돌리지 말고 바로 말해보이소."

"여보, 저축을 다 찾고 보험도 해약해버리고 지금까지 모았던 것을 모두 주의 이름으로 나누고 나서 참된 믿음의 삶을 새로 시작해보잔 말이야."

아내는 마른침만 꿀꺽 삼켰다.

그 당혹감은 충분히 짐작할 수 있었다.

"소영이 아빠요, 믿음도 좋지만 그래도 우리 생활이 있는데… 만약 애들이 아파서 갑자기 병원에라도 갈 일이 생기믄 우짤랍니꺼?"

이미 눈물이 그렁그렁한 아내가 최악의 경우까지 들먹이며 압박해 왔다.

"여보, 하나님이 그렇게 하시겠나? 또 굳이 그렇게 하셔서 애가 잘못된다믄 순교했다는 생각으로 살믄 되지 않겠나?"

아내는 좀 더 깊이 생각해보자는 말을 남기고 쏜살같이 밖으로 뛰어나갔다. 현관 밖에서 나지막이 흐느끼는 소리가 들려왔지만 서러움이나 두려움의 눈물만은 아니라는 확신이 들었다. 하나님의 큰 힘이 밀물처럼 밀려오고 있음을 아내도 어렴풋이나마 느꼈으리라.

그리고 며칠이 흘렀다.

아내가 말을 꺼냈다.

"소영이 아빠요, 많이 생각해 봤는데요… 맞심더. 그렇게 합시더."

그 순간 나는 아내의 손을 덥석 잡고 고맙다는 말만 되풀이했다.

그리 대단치 않은 재산이었으나 처음 약속대로 저축과 보험 해약금까지 모두 현금으로 바꾸어 앞에 쌓아놓으니 우리가 보기엔 꽤나 거금이었다.

우리 둘은 먼저 무릎을 꿇고 기도했다.

"이 돈을 주님이 진정 원하시고 기뻐하시는 일에만 쓸 수 있도록 도와주이소."

작정한 대로 필요한 곳곳마다 하나님의 인도를 따라 모두 나누고 나니 명실상부한 빈털터리가 되고 말았다.

우리 손에서 마지막 남은 한 푼조차 떠난 그날 밤.

아내와 나는 두 손을 마주 잡고 눈물로 기도했다.

"하나님, 이제 세상적으로 보믄 우리 집은 사격장에서 만난 그 거지처럼 상거지가 됐심더. 십 원 한 장 우리 것은 없심더. 주님이 돌봐주시지 않으믄 우린 이제 죽을 수밖에 없심더…."

이미 아내는 오열했고 내 눈에서도 굵은 눈물이 쏟아졌다. 그러나 마음엔 말로 다 할 수 없는 기쁨과 평안이 넘쳤다. 기도는 계속되었다.

"…이제 저희 평생 삶의 모든 근거를 오직 주님께만 두고 하나님이 주시는 만나로만 살겠심더. 한 순간도 저희 가정에서 눈 떼시면 안 됩니더. 저희는 이제 빈 손입니더. 아버지가 잡아주시지 않으면 이 세상에서 가장 미련하고 초라한 거지가 되고 맙니더."

밤은 깊어 갔으나 우리 부부의 마음엔 아침 해보다 환한 소망의 빛이 둘러 비추었다.

오, 무소유의 행복이란 이런 것이었구나!

세상을 내려놓고 주님을 얻는 기쁨이 바로 이런 것이구나!

매달 받는 봉급은 그야말로 광야의 만나였다.

한 푼 두 푼 작은 것의 소중함을 절실히 알게 된 우리는 광야에서 매일 아침 내려주시는 만나의 은혜 속에 살아가던 이스라엘 백성의 감격을 그대로 체험했다.

비록 소유한 물질은 없어도 위로부터 내리시는 은혜의 단비 속에서 우리 가족은 참 행복했지만 주변의 시선들은 그게 아니었다.

특히 처가에선 우리 삶을 정신병자의 행태로밖에 보지 않았다. 다른 자식들은 모두 번듯한 집에서 번쩍이는 차를 몰며 잘들 사는데, 가장 믿었던 셋째 딸이 가난한 교도관의 아내가 되어 고생하는 것만도 가슴 아프건만 그나마 얼마 되지도 않는 재산을 몽땅 교회에 바쳤다니! 아직 하나님을 모르시는 장인 장모님 입장에선 도저히 이해할 수 없는 미친 짓 그 자체였다.

그러나 상황은 돌이킬 수 없기에 내내 마음앓이만 하시다가, 참 감사하게도 새로 짓는 아파트 한 채를 사주겠다고 하셨다. 그러나 조건이 하나 붙었다. 이번만큼은 절대 헌금하거나 팔아먹지 않는다는 그 단서를 나는 흔쾌히 받아들였다.

하루가 다르게 골조가 올라가고 멋지게 지어져가는 아파트를 보며 '아, 우리도 드디어 집을 가질 수 있게 됐구나!' 마냥 꿈에 부푼 가운데 입주가 시작되었다.

당시 우리는 교도관 사택에서 살고 있었기에 새 아파트는 전세를 놓았는데, 얼마 지나지 않아 내가 갑자기 서울구치소로 전근발령을 받자 어떻게 할지 난감했다. 주변에선 앞으로 아파트 값이 오를 테니 팔지 말고 그냥 두라 했으나 내 마음은 그렇지 않았다. 내심 결정을 내린 후 나는 아내에게 말했다.

"여보, '보물 있는 곳에 마음도 있다'는 성경말씀대로 우리 몸은 서울에 있고 전 재산인 아파트는 청송에 있는 게 바람직하지 못한 것 같아. 차라리 팔아서 서울로 가져가는 게 좋겠어."

이번에도 아내는 고분고분 내 뜻을 따라주어 결국 아파트는 전세 입주자에게 팔고 서울로 올라오게 되었다.

_ 마이 홈!

서울살이가 시작된 지 얼마 지나지 않아 아내는 충격을 받았다. 너나 할 것 없이 웬만하면 집 한 채씩은 다 소유하고, 특히 대부분의 부하 직원들도 자기 집에서 사는데 이 나이, 이 지위에 여태 집 하나 없다니!

그때부터 아내는 집 장만에 온 신경을 집중했고 나 역시 아내와 뜻을 같이했다. 아파트 판 돈을 가장 이율 높은 곳에 예탁하고 주택은행에 부금을 붓는 등, 집을 장만하기 위한 방법을 백방으로 연구했다.

우리의 소원은 마이 홈!

꿈에도 소원은 마이 홈!

몇 년간 서울구치소에서 근무하던 중 나는 다시 성동구치소로 발령이 났다. 마침 그곳에도 관사가 있어 우선 집 걱정은 면했으나 방이 두 개밖에 없는 작은 규모라 여러모로 불편했다.

이미 남매는 제법 커서 초등학교 고학년이 된 딸아이는 남동생과 한방을 쓰기 싫다며 투정하니 부모로서 입장이 참 난감했다. 어느 땐 밤중에 아들 녀석이 베개를 들고 징징 울면서 우리 방문을 두드렸다.

"왜 안 자고 우노?"

"잉잉… 아빠, 누나가 밖에 나가서 자라고 발로 차요."

딸을 나무라면 딸아이는 또 저대로 울면서 투정한다.

"친구들이 내가 아직 남동생하고 방을 같이 쓴다고 하면 놀려. 그리고 민이 발이 내 몸에 닿는 것도 싫단 말이야!"

부모로서 이럴 때마다 더욱 내 집 마련에 대한 집념이 강해져갔다.

"그래, 야들아, 쪼금만 참거래이. 곧 우리 집을 장만해서 너희 방을 따로 만들어줄 테니…."

_건축헌금, 얼마나?

나는 청송 진보교회에서 장로로 세움 받고 섬기던 중, 서울구치소로 올라와선 당연히 내 거듭남의 은인인 이덕진 강도사님이 개척하신 명문교회에 다니게 되었다. 당시 명문교회는 봉천동 조그만 빌딩의 40여 평 지하에서 50여 명이 모이는 교회였다. 적은 무리였지만 믿음과 사랑은 얼마나 뜨거웠던지!

힘을 합쳐 지하실 평수도 넓히고 교인도 조금씩 늘었지만, 장마가

지면 물이 배어 곰팡내가 코를 찌르는 지하실을 벗어나 햇볕 드는 지상에서 예배드렸으면 하는 게 우리의 간절한 바람이었다.

그러던 어느 날, 인근 신림동에서 교회를 매각한다는 소식이 들렸다. 그 지역에서 수십 년 동안 예배드리던 교회가 신도시에 교회를 새로 지어 옮겨간다는 것이다. 본당만 해도 300여 평, 부속 건물까지 약 500평에 달하는 교회는 늘 어둡고 눅눅한 지하에서 모이던 우리 눈엔 궁궐 같아 모두 전율에 가까운 환희를 느꼈다.

"바로 이곳이다!"

한 사람의 반대도 없이 공동의회는 만장일치로 그 교회를 인수하기로 결의했다. 우리의 꿈은 하늘을 찌를 듯했으나 현실은 전혀 반대였다. 인수금은 12억 원. 그러나 명문교회의 전 재산은 8천만 원. 계약금 1억 원도 감당 못 할 재정형편이었지만 우린 할 수 있다는 각오로 덤벼들었다. 자기 집을 가진 사람이 겨우 넷뿐일 만큼 여유롭지 못한 교인들이 어디서 그런 용기가 났는지 지금 생각해도 놀랍다.

"돈은 한국은행에 많습니다!"

"여리고 성도 무너졌는데 이런 건 아무것도 아니지요!"

모든 성도는 확신에 가득 차서 오히려 기쁜 마음으로 기도에 매달리며 물질로 헌신하기 시작했다. 그러나 12억은 정말 큰돈이었다. 늘 억, 억 소리를 들으며 살다 보니 억이 별것 아니라고 생각했는데, 실제로 돈을 구해보니 억이란 얼마나 거대한 숫자인지 실감 났다.

교인들의 눈물겨운 헌신은 계속되었다. 헌금, 은행융자, 사채 등 모든 수단을 총동원하여 정한 날짜마다 대금을 지급했다.

피를 말리는 돈과의 싸움.

교회를 인수해야 한다는 절대적 목표.

한 치도 물러설 수 없는 절박한 현실.

그러나 이런 와중에서도 우리의 기도는 남다른 데가 있었다.

"하나님, 우리 명문교회가 새로운 예배처소를 구하려고 힘에 부치도록 헌신하고 있습니다. 그러나 이 일로 인해 성도의 심령에 세워진 교회가 하나라도 무너져선 안 됩니다. 만약 그렇게 된다면 차라리 우리는 눈에 보이는 저 예배당 구입을 포기하렵니다. 보이지 않는 교회, 성도 한 사람의 영혼이 더욱 소중하기 때문입니다."

기적 같은 응답이 주어졌다.

엄청난 재정적 부담 앞에서도 교회를 떠나는 교인이 한 명도 없었다. 오히려 더욱 뜨겁게 전도하고 헌신하며 하나님의 능력과 사랑을 보고야 말리라는 확신으로 가득 찼다.

나 역시 기도할 때마다 '건축헌금을 해야 하는데…'라는 생각으로 고민했다. 얼마를 해야 할까?

백만 원?

오백만 원?

천만 원?

액수를 정해보려고 몸부림쳐도 결정이 되지 않은 채 몇 주가 지나갔다.

그러던 어느 새벽.

그날도 대체 얼마를 헌금해야 좋을지 골몰하며 기도하는데 불현듯 마음을 울리는 음성이 있었다.

"너, 참 바보다. 무슨 계산을 그렇게 하고 있냐?"

놀라움과 동시에 불길(?)한 예감이 스쳤다.

아니나 다를까 다시 느껴지는 깊은 감동.

"투자신탁에 있는 거 다 헌금하면 되잖아. 뭘 그리 어렵게 고민하니!"

너무 놀란 나는 차라리 이 음성이 잘못 들은 것이면 좋겠다는 생각으로 반발했다.

"하나님, 이번엔 곤란합니다. 저 돈은 우리 가정의 최대 목표인 집 장만을 위한 거고요, 아내가 얼마나 그 일에 집착하는지 잘 아시잖습니까? 그 돈은 제 맘대로 못합니다."

핑계를 아내 쪽으로 돌리며 나는 이렇게 기도를 마무리하고 말았다.

"아내의 마음을 바꿔주시지 않는 한 정말 곤란합니다!"

이마에 진땀을 닦으며 집으로 돌아오는 발걸음이 천근만근이었던 새벽이었다.

며칠이 지났다.

아이들이 등교한 후 나는 정복을 입고 아침 밥상을 받아들었다. 한참 식사 중에 갑자기 아내가 나를 바라보며 건축헌금 이야기를 꺼냈다.

"여보, 우리도 헌금을 해야지예."

"응, 그런데 얼마쯤 해야 할지 모르겠네."

한참 밥상을 내려다보던 아내가 갑자기 숟가락을 놓으며 훌쩍훌쩍 울기 시작했다.

"몇 번을 생각해봤지만 이번에도 또 다 드려야 할 꺼 같아예."

'또'를 강조하면서 아내는 아예 손바닥으로 얼굴을 가리고 흐느껴 울었다. 순간 나는 멍한 충격을 받았지만 곧 하나님의 역사가 시작됐음을 감지했다. 나도 얼른 숟가락을 놓고 직장에 전화를 걸었다.

"나 보안계장인데, 급한 일이 있어서 그러니 오늘 하루 연가 좀 내어주소."

그러고는 아내에게 말했다.

"여보, 실은 나도 그 응답을 며칠 전에 받았어. 그런데 차마 당신한테 말할 수가 없어서 입 다물고 있었는데, 당신 마음이 그렇게 감동 받았다면 이건 분명 하나님의 뜻인 기라. 그러니 마음 변하기 전에 낭상 신탁에 해약하러 갑시너. 조금만 지체하면 사탄이 우리에게 딴 마음을 줄지도 모르니까 속히 움직이는 게 정답이여."

우리 부부는 밥상을 한쪽 구석으로 밀어놓고 얼른 은행으로 달려가서 주택부금까지 다 해약하여 손에 받아들었다. 그리 큰 액수는 아니었을지 모르나 우리에겐 두 번째로 전 재산을 털어내는 순간이었다.

"여보, 이 돈 가지고 집으로 들어가믄 또 다른 마음이 들지 모르니 바로 교회로 갑시더."

하나님 앞에 몽땅 드리고 돌아오는 길, 믿음 안에선 기쁘기 그지없었지만 인간적인 생각으론 한참동안 허전했다.

'이제 이 땅에서 우리 집을 가져본다는 꿈은 물 건너갔구나. 그래, 그렇다 하더라도 후회는 없다. 하나님의 집을 위해 최선을 다했으니 이 땅에서 우리 육신의 집이 없기로서니 무에 그리 아쉬우랴. 천국에 예비된 우리 집이 있지 않은가!'

맞잡은 아내의 손에서도 그런 천국소망이 따스하게 전해져 왔다. 밤만 되면 투닥거리는 어린 남매의 모습이 마음 한켠에 부담으로 남았지만, 아이들도 좀 더 크면 우릴 이해해주리라 믿으며 하늘 높이 둥실 뜬 뭉게구름 속에 그 아쉬움마저 묻어버렸다. 새삼 아내가 고마웠던 날이었다.

_지금 명문교회는

이처럼 교인 각자가 필설로 형용 못 할 어려움을 딛고 드디어 무사히 교회를 인수했다. 비록 7억 원이 넘는 부채를 지고 입당했으나 빚 따위는 우리 모두의 기쁨에 비하면 아무것도 아니었다. 햇빛이 찬란하게 비쳐드는 예배당이 너무 신기로워 이곳저곳 거닐면서 차마 자리를 뜨기 싫던 그때였다.

아이엠에프(IMF)가 찾아왔다.

모두 기가 막혔다. 부채 이자가 천정부지로 뛰는 이 금융 한파를 어떻게 헤쳐나갈지 걱정이 짓눌렀다.

누군가 말했다.

"지금의 위기는 한국의 경제 상황일 뿐이다. 하나님 나라와는 아무 상관없다. 믿음의 세계엔 절대 외환위기라는 게 존재하지 않는다!"

교회 안의 이 믿음은 바라는 그대로 이루어졌다.

재정 상태를 비롯한 모든 것이 계속 성장하여 2부로 드리던 예배가 4부로 늘어난 명문교회는, 혹독했던 경제위기 속에서도 마침내 그 많은 부채를 다 갚아버리고 감격의 헌당식을 드리게 되었다.

57명의 성도가 죽을 각오를 하고 봉천동에서 요단강을 건너 신림동으로 온 지도 제법 긴 세월이 흘렀다. 이덕진 목사님과 온 교인은 초심을 잃지 않고 더 겸손히 엎드려 지금까지 베푸신 하나님의 은총에 감사함으로 예배한다.

지금도 명문교회의 높은 십자가를 바라보노라면 사격장에서 만난 거지의 웃는 얼굴이 나타났다 사라지곤 한다. 그는 분명 하나님이 내게 보내신 천사였으리라. 내 믿음의 삶을 온전히 재정비하고, 명문교회를 세움에 작은 힘이나마 보태게 하려는 사명을 받고 이 땅에 내려온 천사!

부족한 나는 여전히 하나님의 능력에 붙들려 온 세상에 복음을 전하는 멋진 삶을 지금도 이어가고 있을 뿐 아니라, 이미 은퇴했어야 할 나이에 민영 소망교도소 부소장으로 부름 받아 내 평생 숙명처럼 사랑하는 수용자 형제들과 더불어 예수 그리스도 안에서 얻는 참자유를 향해 달려가고 있으니 재물의 많고 적음이 뭐 그리 중요할까.

이 땅에서 내 집 장만하는 것을 내려놓았지만 좋으신 하나님은 이 모양 저 모양으로 채우셔서 이제는 손주들이 찾아와 북적여도 불편하지 않을 집도 마련해주셨으니 무엇을 더 바라겠는가. 신실하신 하나님께서 늘 동행하시며 인도하심을 체험하고 사는 것만으로도 삶은 충분히 황홀한데!

사격장에서 만났던 그 천사를 다시 한 번 만나보고 싶다.

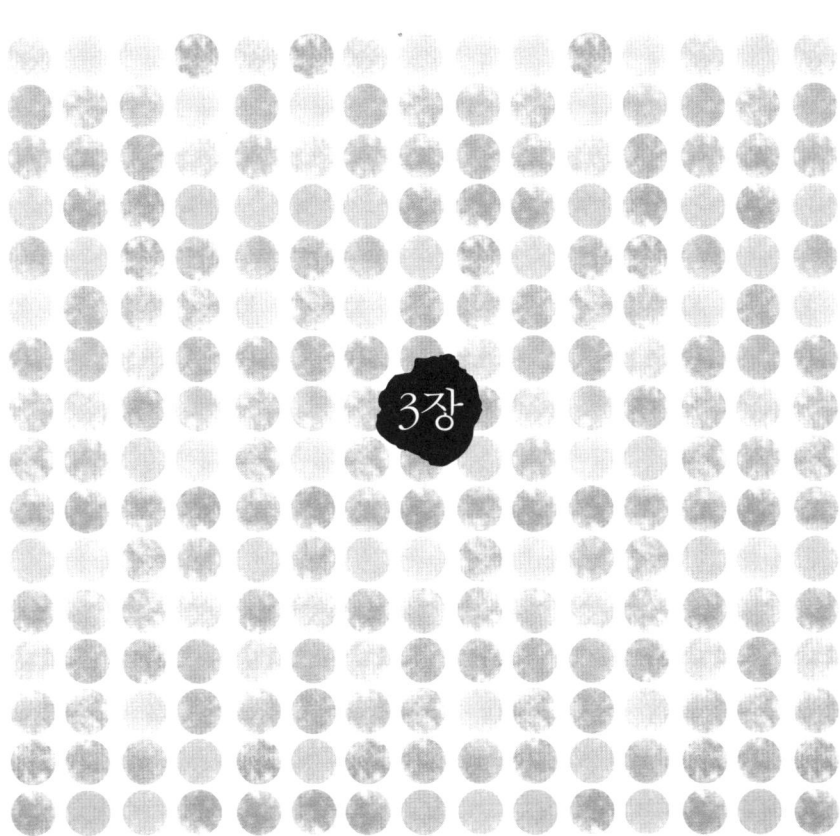

청송에서 서울로

"어이, 박 계장. 서울구치소로 발령이 났네?"
전혀 예상치 못한 일이었다.
'교감 박효진, 청송교도소에서 서울구치소로!'
전례가 없는 조치였다.
청송 같은 오지에서 고생한 간부들을 배려하는 차원에서 가끔 대구, 부산, 대전 등의 큰 도시로 보내주는 일이 있긴 하지만, 교정1번지라 불리는 서울구치소로 곧장 발령이 난다는 건 누가 생각해도 파격적인 인사였다.
누군가에게 줄을 댄 것도 아니요, 뛰어난 공을 세운 것도 아니며, 유력한 사람들을 아는 것도 더욱 아닌 지극히 평범한 내게 이런 일이 일어나다니!

서울로 떠나기 전날.

모두 잠든 깊은 밤에 나는 혼자서 교도소 앞 강변을 걷고 또 걸었다. 수많은 상념이 물결처럼 밀려왔다 사라졌다. 왜 살아야 하는가에 대한 뚜렷한 답도 모른 채 바람 따라 떠다니는 민들레 풀씨처럼 날아들었던 이곳 청송!

열다섯 자 담장 속에서 '내일'이라는 가장 기본적인 소망조차 무의미와 자포자기 속에 던져버린 재소자들과 끝없이 갈등하고 싸우며, 그들보다 나을 것 없는 또 다른 모습의 절망적 인생이었던 내가 내린 결론은 '죽기 아니면 살기'였다.

'남의 가슴을 찢고 가정을 깨고 들어온 느그들을 이길라 카믄 내가 더 흉악하고 더 난폭하고 더 무서워야 하는 기라. 느그들도 니들 손에 당한 피해자들이 받는 고통을 마땅히 받아야 할 꺼 아이가?'

지극히 당연하다고 여긴 이런 판단은 곧 미움으로 바뀌고 살기 어린 증오로 자라, 내 인생을 도리어 먹구름으로 뒤덮어갔다.

청송!

더 이상 피폐해질 여지조차 없는 인생의 밑바닥에서 헤매던 어느 날, 나를 불쌍히 여기셔서 찾아오신 주님의 은혜로 거듭나 새 삶을 살게 된 곳. 여기에 뼈를 묻겠다고 눈물의 기도를 수없이 뿌렸건만, 하나님의 부르심은 이제 뜻밖에도 서울을 향하고 있었다.

그 밤에 강가를 거닐며 쳐다본 하늘의 뭇별들 속에서 오랜 옛날, 지금의 나처럼 깊은 밤 홀로 하나님의 선하신 부르심 앞에 숙연히 가슴 졸였을 신앙 선배들의 설레임이 느껴지는 듯했다.

많은 사람의 진심 어린 축하 속에 부푼 마음을 안고 오래 정들었던 청송 땅을 떠나 서울구치소에 첫발을 내디디며, 내 마음은 앞으로 맞이할 새로운 환경에 대한 기대감과 막중한 업무에 대한 부담감으로 마냥 분주하기만 했다.

_신고? 꿈도 꾸지 마!

가슴 가득 꿈을 품고 달려온 그곳의 분위기는 그러나 의외로 내게 너무나 싸늘했다. 소장은 전입신고도 받지 않고 나를 내쳐버렸고, 보안과장 역시 인상이 비틀어져 내 얼굴을 쳐다보려고도 하지 않았다. 마땅히 중책을 짊어지고 분주히 일해야 할 내 책상과 사물함조차 마련되지 않은 채, 간부회의에도 출입금지였다.

매일 할 일 없이 휴게실 의자에 우두커니 앉아 모두 바쁘게 뛰어다니는 모습만 바라보며 시간을 때워야 하는 이 어이없는 상황은 대체 무슨 연유란 말인가? 치밀어 오르는 울화를 견디다 못해 하루에도 몇 번씩 소장실로 달려가 책상이라도 엎어버리고 사표를 던질까 갈등했다.

그렇게 투명인간 취급을 받으며 며칠을 지나고서야 겨우 정해진 자리가 나보다 나이 어린 동기생의 보좌역이었다. 공직사회에서 도저히 견디기 어려운 최악의 상황에 내몰린 것이다.

"여보, 어떤 일이 있어도 참아야 합니더. 하나님께서 당신을 서울구치소로 보내신 이유가 분명히 있을 낀데 지금의 억울한 마음 때문에 주님의 일을 그르쳐선 안 되잖아예? 참고 또 참고 기도합시다예."

아내의 위로를 힘입어 나는 이전보다 더 간절한 기도로 마음을 다잡았다. 동정 어린 눈빛으로 나를 바라보는 수많은 부하 직원의 시선 속에서도 위축되지 않고 그나마 버틸 수 있었던 것은, 범사에 기도로 서러운 마음을 하나님 앞에 쏟아놓은 덕분이었으리라.

_사형수들을 만나다

"제가 다 알아서 할 테니 형님은 그냥 편안하게 계세요."

동기생 당직 계장은 미안한 듯 언제나 나를 배려한다.

"박 계장님, 저희가 다 처리할 테니까 푹 쉬세요."

부하 직원들마저 내 모습이 안쓰러워 그들대로 마음을 써준다.

하루 25시간도 부족할 만큼 바빠 돌아가는 서울구치소에서 나는 그야말로 놀고먹는 백수가 되었다.

그런 내 눈에 사형수들이 들어왔다.

가슴에 붉은 명찰을 달고 있는 사형수.

옆으로 지나가기만 해도 비릿한 피내음이 느껴지는 사형수.

불안에 흔들리는 동공을 번득이며 시시각각 다가오는 죽음을 기다리는 사형수들.

그들과의 만남은 발령을 받아온 후 상관들에게 이유 모를 무시를 당하며 쓰라린 마음으로 하릴없이 빈둥거리던 내게 멋진 영적 피난처요 기쁨의 일터였다.

아침부터 저녁까지 서로 머리를 맞대고 지나온 삶을 나누며 나는 점차 그들의 친구가 되어갔고, 삶과 죽음의 경계선에서 방황하는 그들에게 "니 죽을 준비 됐나?" "죽을 준비해라"는 돌직구를 던지며 때로 눈물로 서로의 손등을 적시는 위로자가 되었다.

_거지에서 왕자로

어느 날 이른 아침.

보안과 건너편 사무실은 순식간에 벌집을 쑤셔놓은 듯 난리가 났다. 놀라서 달려가 보니 소장, 부소장, 보안과장을 비롯해 주요 간부들이 다 모여 안절부절못하고, 컴퓨터 앞의 여직원은 사색이 되어 있었다.

매일 아침 8시.

문민정부로 접어들면서 서울구치소엔 많은 정치인, 경제인, 군 장

성들이 수용되었고, 이 특별관리 대상자들의 동정이 주요기관으로 상세히 보고되었다. 한 치의 시간적 오차나 실수가 용납되지 않는 중요한 대외비 작업이기에 구치소의 아침은 언제나 긴장이 감돈다.

그런데 그날, 많은 분량의 보고서가 컴퓨터로 완성되어 막 인쇄하려는 순간에 무슨 영문인지 파일이 홀랑 날아가 버리고 말았다.

정시 보고 15분 전.

삭제된 양의 보고서는 아무리 빨리 만들어도 30분은 족히 걸리는 분량이었다. 당시는 컴퓨터를 단순히 문서작성용 정도로만 사용했기에 문제를 해결할만한 전문가가 없어 상황은 절망적이었다.

뒤늦게 현장에 도착한 나는 직원들 사이로 얼굴을 디밀고 혹시 저장된 파일이 없냐고 물었다.

"정신없어 죽겠는데 뭐야? 저리 가!"

힐끗 뒤돌아보던 보안과장이 귀찮다는 듯 손사래를 치며 나를 내몰았다. 나는 한 걸음 물러서면서 짐짓 큰 소리로 중얼거렸다.

"잘 하믄 복구할 수 있겠는데…."

"뭐? 복구할 수 있다고?"

소장과 부소장이 동시에 돌아보며 놀란 표정으로 물었다.

"전원을 끄지 말고 그대로 두이소."

그러고는 내 책상으로 달려와 플로피 디스크를 수십 장 챙겨서 돌아왔다. 윈도(Windows)가 나오기 전 도스(DOS)를 사용하던 당시에 피시 체이스(PC-Chase)라는 프로그램을 이용하면 잃어버린 백업 파일을 간단히 복원할 수 있었다. 사실 플로피 디스크 한 장이면 충분한 작업이었지만 '좀 있어 보이려고' 여러 장 들고 와선 모두의 기를 죽여 놓으며 컴퓨터 앞에 도사처럼 앉았다.

내 등 뒤에서 긴장된 수많은 눈동자들이 현란하게 움직이는 내 손가락과 화면을 뚫어지라 쳐다보는 가운데, 나는 일부러 엉뚱한 디스크를 넣기도 하고 괜스레 디아이알(Dir)을 스크롤 하기도 하면서 뜸을 들이다가 체이스(Chase) 프로그램을 실행하는 순간, 사라진 보고서가 화면 가득 복구되었다.

"와!!!"

탄성이 보안과 사무실 창문을 깨뜨릴 기세로 터져 나오고, 어느새 소장과 보안과장은 나를 얼싸안고 있었다.

청송감호소 근무 당시 컴퓨터 전문가였던 어느 직원에게 틈나는 대로 시스템을 배웠고 다양한 프로그램 디스크를 얻어놓은 것이 이렇게 알토란같이 쓰일 줄이야.

그날 이후 나는 거지 왕자 이야기처럼 한순간에 멸시받던 거지에서 사랑받는 황태자로 탈바꿈했다. 비로소 소장과 친밀한 대화가 이루어지고, 내가 왜 그렇게 천덕꾸러기 삶을 살아야 했는지도 알게 되었다.

"어이, 박 교감. 누구 빽으로 서울로 왔어?"

"저는 전혀 빽도 없고요, 서울로 오고 싶다는 생각도 한 적 없심더. 저도 어떻게 제가 이곳으로 발령받았는지 엄청 궁금합니더."

물끄러미 나를 바라보던 소장은 내 눈빛에서 진심을 읽은 것 같았으나 궁금증은 여전한 듯했다.

"자네 같은 유능한 간부직원이 뭘 잘못했기에 청송에 8년이나 처박혀 있었나?"

"제가 계속 연장근무를 지원했심더…."

납득할 수 없다는 표정으로 소장은 나의 다음 말을 기다렸다.

"…청송감호소 근무 기간이 거의 끝나갈 무렵에 저는 하나님을 만났심더. 과연 존재하기나 할까 의심했던 하나님이 생생한 현실로 다가와 제 인격과 영혼과 육체를 지배하시는 순간부터 삶의 방향이 완전히 바뀌어버렸심더…."

가톨릭 신자인 소장은 내 말의 의미를 다소 이해하는 듯했다.

"…하나님을 알고 나니 가장 힘든 곳에 내 삶을 바치고 싶은 마음이 들어서 청송감호소 연장근무를 지원했고, 또 승진하고는 다시 청송교도소로 지원해서 근무하다 보니 세월이 꽤 흘렀네요. 그런데 제가 어떤 연유로 갑자기 서울로 옮겨오게 됐는지는 잘 모르겠심더."

그날 이후 나는 구치소 내의 주요 직책들을 자연스레 맡게 되었다. 행하는 업무마다 주님의 손길이 피부에 닿듯 함께하시니 범사에 좋은 결과가 나타났고, 눈코 뜰 새 없이 바쁜 업무들도 마냥 행복하고 신이 났다.

_오묘한 섭리

전국 50여 개가 넘는 교정시설의 기독 교도관들은 15척 담장 안에 갇힌 영혼들을 살리는 일이 자신에게 주어진 하늘의 사명임을 깨닫고 날이 갈수록 전도의 열정을 불태웠다.

이미 오래전부터 영등포구치소 기독 교도관들은 비번일에도 밤마다 모여 구치소 뒷산에서 전국 교도소의 복음화를 위해 간절히 기도해왔고, 청송을 비롯한 전국 곳곳의 교정기관들에서 성령님의 뜨거운 역사가 나타나 맞불을 지폈다.

뜻있는 고위직 기독 교도관들의 후원으로 전국 교정연합 신우회를 조직하려는 움직임이 구체화되는 가운데 내가 실무 책임자로 내정되어 동분서주하던 어느 날, 부소장이 불쑥 물었다.

"어이, 박 교감, 자네가 이곳으로 발령받게 된 배경을 알려줄까?"

"예, 알고 싶습니다."

"나도 최근에 알았는데 참 재밌더군. 한 편의 드라마야!"

그는 양손을 뒷짐 지고 장난스레 자기 얼굴을 내 코앞에 바짝 디밀고는 이야기를 시작했다. 나도 시종 벌어진 입을 다물지 못하고 그의 이야기 속으로 빨려들었다.

교정계에서 제일 신망 두텁고 존경받는 장로님이 한 분 계셨다. 서울구치소장을 역임하시고 법무부로 자리를 옮겨 전국 교정행정을 책임지는 위치에 계시면서도, 복음으로 교도소를 변화시켜야 한다는 신앙 열정으로 가득한 분이었다.

'가장 복잡하고 민감한 업무로 가득 찬 서울구치소를 어떻게 하면 정의와 진리가 흐르는 곳으로 바꿀 수 있을까?'

어느 날 밤늦게까지 사무실에서 업무를 보다가 잠시 쉬는 동안 문득 누군가로부터 흘려들었던 말이 번쩍 떠올랐다.

'청송교도소에 근무하는 박효진이라는 교도관이 은혜를 받아서 밤낮 가리지 않고 동번쩍 서번쩍하며 복음사역을 한다는데…'

늦은 시간이었지만 소장에게 바로 전화를 걸었다.

"거기 박효진이라고 근무하는가요?"

"네, 그렇습니다만, 무슨 일로 그러시는지요?"

"그 사람 어떤 사람이요?"

소장은 기독교인을 유난히 싫어하고 핍박하던 고사 사건의 주인공이라 평소 나에 대해서도 좋지 않은 감정을 가지고 있었다.

"아! 그 친구, 허구한 날 할렐루야만 외치고 다니면서 수용자들 붙들고 기도나 하고… 제가 볼 때 약간 맛이 간 사람입니다. 무슨 일 있습니까?"

전화를 끊자마자 장로님은 인사이동 명단에서 서울구치소장의 요청으로 이미 내정된 김 모 교감의 이름을 빼고 대신 청송 땅의 나를 집어넣었던 것이다.

하나님의 오묘한 섭리의 손길이여!

겉으로 보기엔 6개월이 넘는 긴 시간 동안 나를 공직자로서 가장 견디기 힘든 멸시의 구덩이에 던져놓으신 것 같았지만, 후에 알고 보니 실은 소용돌이치듯 바삐 돌아가는 서울구치소에서 가장 한가한 형편을 허락하셔서 사형수들을 만나 고락을 나누며 훗날의 간증사역을 예비하게 하시고, 전국 교정연합 신우회를 만드는 일에 미력이나마 보태게 하신 은혜의 손길이었다.

당장은 서럽고 억울해도 주님을 신뢰하며 참고 기도로 견디면, 마침내 합력하여 선을 이루셔서 승리의 노래를 부르게 하시는 하나님께 감사와 찬양을 올려드린다.

"박 장로, 열심히 하시오!"

가끔 뵙는 송주섭 장로님은 여전히 자애로운 눈빛으로 나를 그윽히 바라보시며 손을 잡아주신다.

하나님께서 나를 통해 이루신 크고 작은 일들의 상급이 장로님의 하늘 계좌에 30배, 60배, 100배로 누적되는 상상을 하면서 나는 고백한다.

"제 사역의 진정한 후원자는 바로 장로님이십니다!"

죄수복 입은 목사님

서울구치소의 보안과는 아침마다 소란스럽다.

오늘의 당번팀과 비번팀이 인원, 시설, 무기, 입출소 현황까지 일사불란하게 정확히 교대해야 하기 때문이다. 나는 여느 때처럼 출근과 동시에 지난밤 특이 수용자 입소 보고를 받는다.

"입소담당 서무! 어젯밤 신입 수용자 중에서 특별관리 대상자 명단 빨리 가져오소."

당시 나는 정치인, 경제인, 공무원 등 주요 신분의 수용자와, 사형수를 포함한 흉악범을 개별관리하는 생활지도계장 직책을 맡고 있었기에 남달리 이 일에 신경을 써야 했다.

그중 내가 가장 크게 관심을 가지고 살피는 신분이 바로 목사님들이었다. 교회 건축을 하다가 자금 회전에 문제가 생겨서 사기·횡령

·배임 등의 혐의로 구속되거나, 교회 안에 봉사할 일꾼이 거의 없는 개척교회 목회자들의 경우, 새벽부터 밤늦게까지 교회 차를 운전하다가 사고라도 나면 어쩔 수 없이 구속되는 경우가 더러 있기 때문이다.

아침 일과를 정리한 후 나는 목사님이 수용된 방으로 심방(?)을 간다. 지난밤 느닷없이 구치소에 들어와 밤잠을 설친 채 을씨년스런 감방 구석에 쪼그리고 앉아서 불안에 떨던 그와 철창을 마주하고 선다.

"안녕하십니꺼? 생활지도계장 박효진 장롭니다. 많이 힘드시지요?"

암담한 마음으로 위축돼 있던 목사님은 '장로'라는 한마디에 안도감을 느끼며 그제서야 표정도 퍽이나 편안하게 풀린다.

"목사님, 걱정 마이소. 큰 사건은 아니니까 합의만 되면 두어 달 안에 집행유예나 벌금으로 나가실 거 같네요."

그러면 대부분 눈물을 흘리며 비로소 한 가닥 희망을 안고 마음을 추스르기 시작한다.

"어차피 여기 오신 거 기도원에 와서 푹 쉰다고 생각하시믄 그나마 맘이 편할 낍니더. 의식주 다 공짜로 해결해주지요, 주무실 때도 국가 공무원이 늘 지켜주지요, 어디를 가셔도 교도관들이 호위하지요…."

역시 유머라는 걸 알면서도 목사님은 결국 피식 웃는다.

"…그뿐입니꺼? 타셨다 하믄 법무부 차량이지요, 만나는 사람은 다 판검사들이니까 우찌됐든 잠시나마 대단한 삶을 사시는 깁니더."

서글픈 농담이지만 그래도 이런 만남이 끝날 즈음이면 목사님은 한결 마음이 놓여 눈빛도 여유로워진다. 대화를 마치고 헤어질 때면 나는 으레 모자를 벗어들고 철창 밖에서 머리를 들이민다.

"목사님, 우리 구치소와 저를 위해 안수기도를 부탁합니다."

그러면 대부분은 깜짝 놀라 자신이 입고 있는 죄수복을 흘낏 내려다보며 손사래 친다.

"아이고, 장로님. 제가 이 처지에 어떻게 안수기도를 합니까?"

"입으신 옷이 무슨 문젭니꺼? 기도해주이소."

주저주저하면서 창틀 밖으로 손을 내밀어 내 머리에 얹는 순간, 그 손을 통해 말로 다 못할 애틋함이 전해져온다.

"하나님 아버지, 사랑하는 장로님에게 은혜를 베푸시고…."

이렇게 기도를 시작하자마자 목사님들은 흐느껴 운다.

주일마다 강단에서 복음을 선포하던 자신이 재소자 번호가 찍힌 수의를 걸치고 칙칙한 감방에 수용되어 있다가, 뜻밖에 찾아온 생활지도계장의 머리에 손 얹고 기도한다는 자체만으로 감격에 북받치는 것이다.

구치소에 수감되면서 '전공과목'인 축도를 박탈당했다 싶었는데, 비록 철창을 사이에 두긴 했지만 장로에게 안수하여 기도하는 순간 정체성과 소명감이 회복되는 것이리라.

그런 감격과 더불어 자신의 처지에 대한 아픔, 주님께 대한 죄스러움, 두고 온 가족과 교회에 대한 걱정이 뒤섞인 복잡한 감정으로 눈물은 이내 통곡으로 변하기 일쑤다.

"어이! 감방장, 이제부터 목사님 잘 모셔야 한다이. 내 자주 챙겨볼 끼니까 조금도 소홀하믄 안 된다이."

기도가 끝난 후 나는 어김없이 감방장에게 다짐을 받는다. 어려운 일이 없도록 잘 보살펴드리겠다는 그의 약속을 받는 것만으로도 일단 목사님의 구치소 생활에 거대한 서광(?)이 비치는 것이다.

그러나 더 재미있는 것은, 교도소 안에서 하늘처럼 여겨지는 교도관 간부의 머리에 손 얹고 축복기도 하는 신입 죄수의 권위 있는 모습에 다른 죄수들이 충격을 받는다는 사실이다.

"워메 워째… 신삥(신입 죄수의 속칭)이 생활지도계장 대그빡에 손을 얹고 기도를 한당께!"(전라도 죄수들)

"와따매! 우예 신삥이 생활지도계장 대가리를 손으로 쌔리 눌라가꼬 마구 흔들어가며 기도를 하노?"(경상도 죄수들)

"워쩌, 신입이 계장님 머리통을 손바닥으로 눌러야!"(충청도 죄수들)

난생 처음 보는 이 희한한 광경에 감방 안의 죄수들은 입을 다물지 못하고, 그때부터 목사님을 바라보는 시선에 경외감이 서린다. 이제 누구도 함부로 건드리지 못하는 감방 내에서의 최고 신분상승이 이루어지는 순간인 것이다.

_영적 권위

그러나 이 일로 인해 직원 중에는 뒤에서 불평하거나 조심스레 다가와 불만을 토로하는 이들도 있다.

"장로님, 아무리 목사님이지만 그래도 수용자 아닙니까? 간부 제복을 입은 채 공개적으로 머리에 안수기도 받는 모습이 보기 좋지 않으니 자제해주시면 좋겠습니다."

이런 유의 항의를 들을 때마다 나는 늘 정색하고 단호히 말한다. "하나님이 세우신 영적 권위를 인간적인 생각으로 판단하는 어리석음을 범하면 안 된다"는 말로 서두를 꺼내며, 마음에 담아둔 이야기를 들려준다.

"역사상 가장 존경하기 힘든 주의 종이 한 분 계셨다. 이름하여 '엘리'라는 분이다. 영적 풍성함보다 육체의 풍만함이 더 커서 몸을 가누기 힘들었고, 아들들은 통제 불능의 망나니였으며, 자식이 없어 울며 기도하는 한나에게 '술 먹었냐?'고 할 만큼 분별력조차 빵점이었다. 존경은커녕 모든 성도가 고개 돌려 마땅한 수준 미달의 사역자였음에도 불구하고, 아직 하나님은 제사장 직분과 권위를 그에게서 거두지 않으셨으므로 그가 한나에게 '이스라엘의 하나님이 네가 기도하여 구한 것을 허락하시기를 원하노라 사무엘상 1:17'고 선포한 축복을 그대로 이루어주셨다."

역사상 가장 불경건한 이 엘리 제사장의 축복을 통해 위대한 하나님의 사람 사무엘이 태어났다.

　사람이기에 가지고 있는 약점이 누구에겐들 없으랴.

　목사님에게도 존재할 수밖에 없는 이 연약함들을 우리가 자기의(自己義)를 잣대로 정죄하는 한, 하나님께서 그를 통해 흘려보내시는 엄청난 복의 물결을 스스로 가로막는 것밖에 무슨 유익이 있겠는가. 최종판단은 하나님께 맡기고 교회 지도자들의 영적 권위를 존중하는 자세야말로 성도의 지혜임을, 믿음의 교도관 후배들이 고개를 끄덕이며 숙연하게 받아들이는 모습은 참으로 흐뭇하다.

　그로부터 긴 세월 동안, 아무리 살펴봐도 주님 앞에 내세울 것 없는 내가 대한민국 방방곡곡, 오대양 육대주를 다니며 간증집회와 부흥회를 인도하고 교회와 성도의 사랑을 넘치게 받는 이유 중 하나는, 수많은 목사님들이 철창을 사이에 두고 간절히 드려주신 기도에 대한 하나님의 자비로운 응답임이 틀림없다.

　비록 구속된 목사님을 위로하고 감방 안 수용자들로부터 지켜드리려는 의도적인 행동이었으나, 합력하여 선을 이루시는 주님께서 마음 상한 그들의 눈물 어린 기도를 통해 내게도 후한 성적을 매겨주셨다는 생각에 그저 감사할 뿐이다.

　오늘도 나는 그때 하늘나라 내 기도은행 계좌에 여러 목사님들의 명의로 입금된 중보기도를 매일 인출하며 살아가는 복을 누린다!

지존파의 선물

"박 장로, 전생이 있소? 없소?"
뜬금없이 그가 내게 물었다.
"예, 어르신, 그런 거 없심더."
잠시의 망설임도 없이 분명하게 대답하는 내 모습에 그는 살짝 눈살을 찌푸리며 짜증 섞인 어투로 은근히 공격했다.
"나는 말이요, 박 장로가 좋다가도 이럴 땐 영 마음에 들지가 않아요. '없다고 생각한다'는 것과 딱 잘라 '없다'는 건 차이가 크오. 그런데 어떻게 그런 식으로 단정할 수 있소?"
나도 물러서지 않고 단호하게 대답했다.
"그 문제는 영적인 속임수입니다. 결코 전생이라는 건 없심더."
"그렇다면 이 책을 한번 읽어보시오. 미국의 저명한 박사이자 집사인 분인데 전생을 체험한 사람들의 얘기를 상세히 적어놓았어요. 그런데도 박 장로는 전생이 없다고 확언할 셈이오?"

그는 손에 들고 있던 책을 탁자 위에 툭 던지듯 놓으며 의기양양하게 나를 쳐다보았다.

"어르신, 참 무식도 하십니다!"

그만 내 입에서 생각할 겨를도 없이 실언이 튀어나오고 말았다. 뭐라 분명하게 설명하지 못해 답답한 마음에 그가 그 책을 내놓자마자 순간적으로 뱉은 말이라 나도 깜짝 놀랐다. 옛날 같으면 큰 화를 당할 대사건이 벌어진 것이다. 일개 옥졸이 국가의 고위인사에게 "무식하다"라며 천하에 없을 불경죄를 저질렀으니!

그 순간 그는 참기 힘든 모욕감으로 얼굴이 굳어지더니 미간을 꿈틀대며 벌떡 일어나 뒤도 돌아보지 않고 자기 방 쪽으로 가버렸다. 때아닌 찬바람이 불어와 칼날처럼 온몸을 에는 듯했다.

재직 중 불미스러운 사건으로 구속, 서울구치소에 수감된 그와의 영적 접촉은 이렇게 시작되었다.

분노한 그는 3일 동안 얼굴도 내비치지 않고 나와의 면담도 거부했다. 당시 나는 서울구치소 경비교도대대장으로 근무하면서, 특히 고위급 정치인·경제인·군인 등 특별관리 대상자들의 상담을 맡고 있었다. 그러므로 이런 상황이 오래 가선 안 될 일이기에 연일 찾아가서 용서를 구했다.

"어르신요, 제가 잘못했심니더. 해서는 안 될 실수를 저질렀심니더. 용서해주시소."

역시 그릇이 큰 탓인지 며칠이 지난 어느 날 그는 껄껄껄 웃으며 내 손을 잡고 "다 잊어버리고 앞으로 더 친하게 지내자"며 오히려 마음고생을 위로해주었다.

며칠 후 상담실에 마주 앉아 찻잔을 들고 환담하던 중 내가 다시 화제를 전생으로 슬쩍 돌려보았다.

"어르신, 근본도 잘 모르는 미국 박사의 책은 저하고 다투시면서까지 두둔하시고, 제가 말씀드리는 하나님에 대해선 전혀 외면하시니 좀 섭섭합니다."

"그 말도 듣고 보니 일리는 있네. 그러면 내가 어쩌면 될까?"

며칠 전의 불쾌한 기억이 떠오르는 듯 표정이 다시 어두워지는 그의 마음을 누그러뜨리려고 나는 응석을 부리듯 말했다.

"어르신, 성경을 두어 번만 읽어보시믄 답이 나올 낍니더."

"박 장로가 그렇게 말한다면 내 한번 해보지. 그런데 나만 혼자 성경을 읽으면 손해 보는 거 같으니, 내가 성경 읽을 동안 당신은 불경을 읽으시오."

이튿날부터 기묘한 풍경이 벌어진다.

조그만 탁자를 마주하고 그는 성경을 읽고 나는 반야심경을 읽는다. 내가 불경을 펼치면 그도 성경을 펼쳐 읽기 시작하고, 내가 바쁜 일이 생겨 자리에서 일어나면 그분도 성경을 덮는다. 근무하는 직원들도 옆눈길로 이런 우리의 모습을 훔쳐보며 소리 없이 웃는다.

2주일쯤 지났다.

언제나 주고받기식으로만 성경을 읽던 그는 이제 내가 찾아가지 않아도 혼자 성경을 읽었다. 그때부터 변화가 찾아왔다. 교계의 원로 목사님들과 가끔 면회할 때마다 신앙 이야기에 관심을 가지고 전에 없이 귀 기울이는 모습을 보며 우리는 기뻐했다.

서울구치소 교도관 신우회원들의 하나같은 바람은 그분이 복음의 비밀을 깨닫고 예수 믿는 사람이 되는 것이었지만, 그의 환경과 처지를 생각할 때 그다지 큰 기대는 하지 못한 채 시간이 흘러갔다.

그가 성경을 두 번쯤 읽고 난 즈음이었다.

특별사면으로 석방 명령이 내려왔다.

조금 전까지 번호가 새겨진 수의를 입고 있던 그가 말끔한 정장으로 갈아입고, 환영나온 몇몇 고위인사들과 구치소 관계 간부들이 함께한 자리에서 잠시 몇 마디 인사를 나누며 덕담을 시작했다.

"내가 이곳에 와서 긴 세월 수감생활 하는 동안 교정 공무원들의 노고와 헌신, 그리고 청렴에 놀라운 감동을 받았습니다. 현직에 있을 때 이런 사실을 알았더라면, 하는 뒤늦은 아쉬움이 있습니다…."

겉치레 인사가 아니라 진심이 묻어나는 말에 갑자기 우리 어깨에 기분 좋은 힘이 실리며 콧날마저 찡해 왔다.

"…그리고 이곳에서 보낸 시간이 아깝지 않은 것은 내가 그동안 약

400권의 책을 정독했다는 겁니다. 그중에서도 가장 감명 깊게 읽은 책이 세 권 있어요."

모두 호기심 어린 눈으로 그를 바라보았다.

"첫 번째 책은 〈로마인 이야기〉였어요. 그리고…."

그는 말을 잠시 끊고 좌중을 훑어보며 나를 찾았다.

"거… 대대장 박 장로 어디 있어요?"

말석에 앉아 있던 내가 조심스레 손을 들며 "예" 하고 대답했다. 멀리 있는 나를 보며 그가 말을 이었다.

"둘째로 감동이 컸던 책은 저 박 장로하고 같이 읽은 성경이었어요. 많은 것을 깨달았습니다. 마지막으로는 역시 저기 있는 박 장로가 쓴 〈하나님이 고치지 못할 사람은 없다〉라는 책이 가슴 깊이 와 닿았어요."

모두 나를 쳐다보았다. 그가 성경을 언급하고 하나님이라는 단어를 사용하는 것 자체가 의아스러울 뿐 아니라, 수많은 참석자 가운데 하급간부인 나를 화제의 중심에 두다니!

"내가 박 장로가 쓴 그 책 읽고 큰 감명을 받아서 아내에게도 꼭 읽어보라 권했고, 또 주변 사람들에게 많이 사서 나눠주라고도 했어요."

환송을 받으며 구치소를 떠나 집으로 돌아가는 그의 뒷모습을 바라보며 나는 간절히 기도했다.

"하나님, 어떤 경로를 통해서라도 저분이 꼭 예수님을 영접하고 믿음의 사람이 되도록 은혜를 베풀어주이소."

_지존파

세상을 떠들썩하게 했던 지존파 사건이 일어난 건 1993년이었다. 사람을 생매장하고 인육을 뜯어 먹으며 "압구정 야타족을 더 죽이지 못한 게 한이 된다"고 야수처럼 외치던 그들.

인간이기를 스스로 포기한 지존파였지만 서울구치소 '벼랑끝 선교사' 믿음의 교도관들은, 온 세상이 치를 떨며 침 뱉던 그들을 오히려 끌어안고 어떤 죄인도 포기하지 않으시는 주님의 십자가 사랑에 눈 뜰 수 있도록 최선을 다했다.

특별관리 대상인지라 일체의 면회도 허락되지 않았고 외부에서 들어오는 서신이나 책자도 철저히 통제된 가운데, 그들을 만나도록 허용된 외부인은 서울구치소 교도관으로 근무하면서 신학을 마치고 목사안수를 받은 김영석 목사님뿐이었다. 그분의 끊임없는 방문과 눈물겨운 전도에 힘입어 마침내 짐승 같은 그들의 마음이 열리고 예수님을 구주로 영접하는 기적이 일어났다.

그 후 이들에 대한 통제가 완화되고 수많은 사람의 편지와 방문 등을 통해 지존파의 놀라운 변화가 비로소 바깥세상에 알려지게 되었다.

사형선고를 받은 6명 중 5명이 그리스도인으로 변화된 삶을 살다가 결국 1995년에 사형장에서 생을 마감했다. 그중 강모 군이 임종

직전에 자신의 남은 영치금 70여만 원을 "좋은 곳에 써 달라"며 교도관 기독신우회에 맡기고 이 땅을 떠나갔다. 그의 친구 두 명의 장례비로 쓰고도 그 돈은 얼마간 남았다.

어느 날 신우회 직원 한 사람이 예배를 마치고 불쑥 제안했다.

"지존파가 남긴 돈으로 성경을 사서 어르신께 드리면 어떻겠습니까?"

다들 좋은 생각이라고 동의하며 크고 좋은 성경 한 권을 그에게 아무 설명 없이 전달했다.

나는 불경을 읽고 맞은편에서 그는 바로 그 성경을 읽는다. 가끔 나는 고개를 들고 그분이 읽고 있는 성경을 바라본다.

얼마나 멋진가?

가장 악한 자의 유산으로 구입한 가장 귀한 성경!

죽음의 돈으로 생명의 책을 선물 받다!

감옥 안에서 두 번이나 그 성경을 읽고 자유를 얻어 석방된 그분이 가끔 교회에 출석한다는 소식이 들려왔다. 구원의 은총이 그에게 임한 과정을 되돌아볼 때, 수많은 사람의 기도와 헌신이 합력하여 이룬 선이기에 감사기도가 터져 나오지 않을 수 없다.

그 신비로운 구원의 실타래에 나도 한 가닥 연결돼 있음을 생각할 때마다 문득 화들짝 놀라며 주님께 무릎을 꿇고 찬송을 올려드린다.

진짜 예수쟁이, 사형수 박철웅

서울구치소 경비교도대대장으로 근무하던 어느 겨울날.
찌뿌둥한 하늘은 금세라도 눈발을 날려 보낼 듯한 기세였다.
구치소에선 매일 아침 소장실에서 간부회의가 열린다. 지난밤에 있었던 주요사항을 보고하고 오늘 해야 할 일을 지시받는 중요한 자리다.
그날도 이런저런 보고와 지시가 끝나고 다소 긴장이 풀린 가운데 모처럼 시간 여유가 있어 한담이 시작되었다. 평소 기독교 신자들에 대해 그다지 호감을 갖지 못한 보안과장이 불쑥 말을 꺼냈다.
"요새 기독교인들, 아무리 봐도 가짜가 훨씬 더 많아."
순간 모든 참석자의 눈이 보안과장과 나를 번갈아 쳐다보았다. 나는 약간 불편한 심기로 그에게 반문했다.

"과장님, 갑자기 무신 말씀입니꺼?"

"아, 또 담배 범칙사고가 났는데 조사해보니 이번에도 역시 사형수가 주범이야. 겉으론 개심한 척 예수 믿는다고 하면서 뒤로는 호박씨만 까고 있잖아. 더 기가 막히는 건 담배를 성경책 속에 신통하게도 숨겨놓은 거라고!"

그때서야 기다렸다는 듯 몇몇 과장들이 과거에 직접 경험한, 특히 예수 믿는 사형수들의 위장된 범칙사건들을 마구 쏟아내면서 분위기는 일순간 기독교인 성토장으로 변했다. 나는 씁쓸한 기분으로 듣고만 있었다. 모두의 열띤 이야기가 사그라들 무렵, 커피를 홀짝이던 보안과장이 뜻밖의 말을 꺼냈다.

"그래도 말이야, 진짜를 하나 보긴 했어."

"언제요?"

반색하며 묻는 내 얼굴을 다소 부드러운 표정으로 마주보며 그가 말을 이었다.

"서울구치소가 이리로 옮겨오기 전, 서대문에 있을 때 내가 보안계장을 했거든. 당시 박철웅(골동품상 주인 등 세 명을 살해한 '금당사건'의 주범)을 수용하고 있었는데, 평소에 얼마나 유별나게 예수 믿는 척을 하는지 감당할 수 없을 정도였어. 우리하고 눈만 마주쳐도 허리를 90도로 굽혀 인사하면서 꼭 예수님을 믿으라 권하고, 감방에서도 소문날 정도로 밝은 생활을 했지. 그런데 나는 그게 전부 쇼라고 봤어. '워낙 끔찍한 범죄를 저지르고 사형선고를 받고 보니 자신에 대한 위로,

남들에 대한 눈속임 같은 거다. 위선자 녀석!' 이렇게 생각하니까 그의 일거수일투족이 내 비위를 긁어놓더라고…."

모두 보안과장의 이야기에 빨려들었다.

"…그래서 늘 이렇게 별렀지. '언젠가 네가 죽는 날 한번 두고 보자. 그때도 네 녀석이 뻔뻔스러운 얼굴로 '할렐루야' 운운하는지. 무서워 벌벌 떨며 게거품을 물고 울부짖는 모습 앞에서 널 실컷 비웃어줄 테다.'"

평소에 과묵하던 소장도 흥미진진한 이야기에 솔깃하여 몸을 앞으로 기울이며 대화를 거들었다.

"그래서 어떻게 됐어? 박철웅의 사형집행 때 입회했어?"

"예, 소장님. 그날 사형장으로 데려오는 일을 제가 자청했지요. 내심으론 그가 발버둥 치는 모습을 눈에 그리면서 직원들을 데리고 그의 감방으로 갔잖겠습니까? 그럴 수밖에 없는 게 지금까지 수많은 사형수의 최후를 제가 직접 지켜봤으니, 처참한 몸부림과 아우성을 남기고 죽어간다는 걸 잘 아니까요."

다른 과장이 그의 말을 거들었다.

"나도 예전에 사형집행에 참여해 보니, 어떤 사형수는 자기 방에서 사형장까지 오는 내내 짐승같이 울부짖으며 목에 피가 올라오도록 '어머니'를 외쳐 부르는데 정말 눈 뜨고 보기 힘들더라구요."

소장이 마른침을 꿀꺽 삼키며 끼어들었다.

"나는 30년 넘도록 교도관으로 근무했지만 아직 사형집행에 한 번도 입회한 적이 없어서 이런 얘기를 듣는 것만으로도 기분이 섬뜩하군. 정말 보기 애처롭겠어."

"네, 소장님. 한 걸음 앞으로 내딛는 게 곧 죽음으로 다가가는 것이다 보니 보폭을 어린애보다 작게 하면서 얼마나 천천히 걷는지… 조금 더 숨 쉬고 살아보겠다는 처절한 몸부림이죠."

비참하게 집행당하는 사형수들의 이야기로 다소 무거워진 분위기에서 내가 말을 이어받았다.

"소장님, 저는 지금까지 다섯 번에 걸친 사형집행을 통해 스물아홉 명의 사형수가 생을 마감하는 현장을 바로 곁에서 지켜봤습니다. 그런데 죽음을 마주하는 모습들이 어떤 신앙을 가졌느냐에 따라 놀랍도록 천차만별입디다. 평소에 도인이라는 별명을 얻을 만큼 수양도 많이 하고 인품이 남달랐던 어느 나이 지긋한 사형수는 집행 당시, 두려움으로 정신줄을 놓고 오줌을 줄줄 싸며 마지막까지 쌍욕을 쏟아놓으면서 죽음을 맞았고요…."

소장은 호기심 어린 표정으로 나의 다음 말을 기다렸다.

"…대부분의 사형수들이 그처럼 울부짖고 졸도하고 몸부림치면서 죽음으로 들어갑니다. 그런데 참 희한하게도 예수 믿는 사형수들은 하나같이 밝은 모습으로 죽음 앞에 담담히 마주 서더라고요."

"자기가 기독교 신자라서 일방적으로 그렇게 말하는 거 아냐?"

"소장님, 저 혼자 목격한 게 아니라 서울구치소의 다른 직원들이 다

같이 본 사실입니더…."

조금 전까지 기독교를 힐난하던 분위기는 슬며시 수그러들었다.

"…자기 목을 매달 밧줄을 등 뒤에 두고서도 해처럼 환한 얼굴로 오히려 사형집행 하는 교도관들에게 '나는 오늘 천국 가니 저를 죽인다는 부담을 갖지 마시라'고 위로하는 모습을 상상해 보이소."

모두의 표정이 숙연해졌다. 한동안 아무 말 없이 서로의 얼굴만 바라보던 중에 누군가 말했다.

"죽음 앞에서 그런 모습을 보인다는 게 참 쉽지 않은데… 그 사형수들 정말 대단하네요."

내가 즉각 말을 이어받았다.

"여자 사형수가 있었거든요. 남편을 청부살해 했는데, 처음엔 자포자기 상태로 자살시도를 밥 먹듯이 했심니다. 그런데 뒤늦게 예수님을 믿으면서부터 완전히 달라지데요. 자기 죄를 뉘우치며 늘 눈물에 젖어 있는 모습이 많은 사람에게 깊은 감동을 줍디다. 집행 당시 그녀는 '다시 이 땅에 나처럼 악랄한 죄인이 나타나지 않기를 하늘나라에서도 기도하겠노라'는 최후의 말을 남기고 평온하게 죽음을 맞더라구요."

어느새 분위기는 은혜에 젖은 부흥회로 바뀌어 가는데, 소장이 의심에 찬 눈을 둥그렇게 뜨고 반문했다.

"과연 신앙이 죽음 앞에서조차 사람을 그토록 강하게 만들 수 있을까?"

기다렸다는 듯 내가 복음의 핵심을 선포했다.

"절대로 그 사형수들이 대단해서가 아닌 기라예. 하나님께서 초자연적인 능력으로 그들의 마음을 감싸주셨기에 가능한 일입니다. 바로 구원의 증거이지요."

한참 나를 응시하던 보안과장이 식어버린 커피를 마저 훌쩍 마신 다음, 박철웅의 사형집행 이야기를 계속했다.

_ 나와, 사형집행이다!

박철웅의 방문 앞에 도착한 그는 깜짝 놀라고 말았다.

창살 안엔 사형수가 이미 자기의 최후를 감지하고 한복을 깨끗이 차려입고는 무릎을 꿇고 눈을 감은 채 바위처럼 앉아 있었다. 보안과장은 그를 향해 일부러 큰 소리로 외쳤다. '이래도 네가 초연할 수 있으랴'는 심정으로.

"박철웅! 사형집행이다! 너를 데리러 왔다. 나와!"

일반적으로 사형집행을 위해 불러낼 때는 '면회'나 '상담'을 핑계로 데려 나오는데, 그는 '사형집행'이라는 충격발언을 내질러버렸다.

그런데 그 소리를 듣자마자 눈을 뜨고 정면을 바라보는 사형수의 눈빛과 마주친 순간 과장은 더욱 놀랐다. 어쩌면 그토록 고요하고 따스할 수 있는지, 그만 울컥하는 감동을 느꼈다.

"기다리고 있었습니다. 그런데 잠시 시간을 주시면 고맙겠습니다."
"좋소."

조금 전까지만 해도 죽음 앞에서 허물어져 가는 그의 비참한 모습을 상상하며 경멸의 눈초리를 던질 준비를 하던 과장은 박철웅에게서 뿜어져 나오는 알 수 없는 힘에 눌려 순순히 청을 들어주었다.

그는 공포에 질린 같은 방의 재소자들 손을 하나하나 잡으며 하직 인사를 나누었다. 인사 마지막엔 꼭 "예수님을 잘 믿으세요"라는 권면과 함께 최후의 기도를 했다. 그러고 나서 찬송을 부르며 사형장으로 걸어갔다. 과장은 그 뒤를 따라가면서 생각했다.

"아, 이 사람은 진짜구나. 정말 예수 믿는 사람이었구나!"

그는 밧줄이 목에 매이고 두건이 머리에 덮어 씌어도 끝까지 아름다운 신앙인의 모습을 잃지 않고 찬송하는 가운데 이 땅을 떠나갔다.

그의 최후를 생생히 지켜본 보안과장의 말 앞에 회의장은 매서운 바깥 날씨와는 아랑곳없이 봄날처럼 훈훈해졌다.

"소장님, 진짜가 있긴 있습디다. 죽음 앞에선 가장 솔직해지는 게 인간의 본래 모습인데요, 박 대대장 말대로 정말 신앙은 위대합디다!"

내 눈과 과장의 눈이 부딪치는 순간, 탁자 밑으로 그의 손이 내 손을 꽉 붙잡았다. 나는 흠칫 놀랐지만 역시 힘주어 그 손을 맞잡았다. 무언의 따스한 교감이 흘렀다. 그가 내 귓전에 대고 나직이 말했다.

"대대장, 실은 우리 마누라도 예수 믿어요… 집사요."
창밖엔 때 이른 함박눈이 천지에 흩날리고 있었다.

형님 위해서 기도합니다!

　나는 도무지 예수와는 거리가 먼 종갓집의 종손으로 태어났다. 일년에 수십 번이 넘는 크고 작은 제사를 지내는 대갓집, 사돈의 8촌 중단 한 명도 예수 믿는 사람이 없었던, 복음이 비집고 들어올 틈이라곤 없는 특이한 집안이었다.

　어릴 때 머리가 총명했는지 다섯 살에 천자문을 떼자 집안 어른들은 드디어 밀양 박가 규정공파를 중흥시킬 종손이 태어났다고 대견해 하시며, 나라와 민족에 충성하고, 부모에 효도하고, 조상 제사 잘 모시는 것이 인간의 최대 도리이자 인생의 궁극적 목적이라고 철저히 교육하셨다.

　예닐곱 살 무렵, 성탄절이 되면 동네친구들이 교회에서 연필·필통·책받침 따위를 얻어 와서 자랑하곤 했다.

"효진아, 교회 가면 이런 거 많이 준다. 너도 같이 가자."

그 좋은 학용품을 갖고 싶어서 친구 따라 예배당에 들어가려는 순간, 어린 마음에도 이런 생각이 들어 걸음을 멈칫했다.

'안 돼. 나는 밀양 박가 규정공파 대종갓집의 종손인데 여기 들어가는 건 가문에 대한 반역이요, 문중에 대한 배신이야.'

그러나 저기 들어만 가면 그 탐나는 것들을 손에 쥘 수 있는데… 치열한 갈등 속에 이를 악물고 혼자 돌아서 오며 아쉬운 마음으로 엉엉 울었던 기억이 난다.

그 정도로 교회와는 담을 쌓고 살다가 좀 더 커서는 예수 믿는 친구들을 "삼육이"라는 별명으로 지어 부르며 괜스레 미워했다.

"예수쟁이 저리 가라. 삼 년 재수 없고 육 년 밥맛없다!"

_ 철진이가 예배당엘…?

그러다가 내가 고등학교 다닐 무렵 우리 가족은 대구 신천동으로 옮겨와서 조부모님, 삼촌들과 대가족을 이루어 살았다. 집안에서도 누군가를 찾으려면 애를 먹어야 하는 큰 집이었다. 대문만 열면 작은 도로 맞은편에 나보다 서너 살 어린 친척 동생 철진이네가 살았는데, 어느 날 그가 교회에 나간다는 소문이 들려 온 집안이 발칵 뒤집혔다.

"철진이가 예배당엘 나간다꼬? 이런 요망할 일이 있나. 당장 잡아다가 혼구멍을 내어놓지 않고 애비는 뭘 하고 있느냐!"

어른들의 역정과 성화는 하늘을 찌를 듯했다. 득달같이 철진이 아버지가 할아버지 앞에 불려 왔다.

"니 아들놈이 교횔 나간다니 말이 될 법한 소리가? 다리몽둥이를 분질러서라도 버릇을 고쳐놓아라!"

그는 연신 머리를 조아리며 잘 알겠노라 대답하고 돌아갔다. 유교 전통에 관해서라면 집안 누구보다 엄했던 분이니, 이제 철진이는 거의 죽은 목숨이다 싶었는데 다음날에도 죽기는커녕 꾸중 들은 흔적 하나 없이 멀쩡했다. 더 이상한 건 들켰음에도 불구하고 다음 주에도, 그다음 주에도 계속 교회에 다니는 것이었다.

할아버지는 노발대발하셔서 계속 철진이 아버지를 불러다 꾸중하시고, 그는 그때마다 "예, 제가 곧 조치하겠습니다" 했지만, 보아하니 조치가 아니라 방치하는 것 같았다. 그렇게 두 달 석 달을 넘어가니 철진이의 교회 문제는 결국 할아버지가 손을 들고 마셨다.

"에잇, 내버려둬라. 그놈은 교회 가든 말든 놔두고 다른 애들이나 물들지 않게 잘 단속해라."

그러나 내게는 그게 끝이 아니었다.

나는 철진이를 볼 때마다 해괴한 외계인을 보듯 기분이 언짢았다.

"참 희한하제. 인간이 우째 교회를 나가노?"(요즘에는 반대다. "참 희한하대이. 인간들이 교회 안 가고 우째 배기노!")

당시 우리는 종가를 중심으로 가까운 인척들이 근처에 모여 살다 보니 또래들이 제법 있었다. 그중 대장인 나는 동생들에게 철진이를 왕따 시키도록 훈련해 놓고 보기만 하면 놀려댔다. 경상도에는 예수쟁이를 놀려먹는 못된 노래가 있었다.

"예배당에 갔더니 눈 감으라 해놓고 돈 내노라 하대요.

예배당에 갔는데 기도하라 해놓고 신발 훔쳐 갔어요…."

그런데 우리가 짓궂게 놀려댈 때마다 부끄러운 듯 씩 웃기만 하고 달아나던 그의 눈빛이 어느 날부터 예사롭잖게 변했다. 똑바로 쳐다보기 힘들만큼 번쩍번쩍 눈에 불이 붙은 것 같았다. 우리는 서양 귀신, 교회 귀신이 붙었다고 생각했다. 그때부터 철진이는 나를 보면 내가 놀리기도 전에 선제공격을 해왔다.

"형님, 나 형님 위해서 기도합니다!"

처음 그 소리를 듣는 순간 나는 등에 뱀이 기어가는 듯해 몸서리를 쳤다. 위대한 우리 가문의 종손인 내가 예수쟁이한테 부정 탈 소릴 들었으니 속이 뒤틀렸다.

"야! 미친 소리 마. 절대 그런 짓 하지 말어. 재수 없이!"

"아닙니다. 종손인 형님이 예수님을 믿어야 종갓집이 구원받고, 그래야 온 자손이 다 예수님을 믿을 거 아닙니까. 그래서 형님 위해 기도하는 겁니다."

한 해 두 해가 지나갔지만 그의 태도는 변함없었다. 어떤 때는 그를 놀리려고 내가 먼저 선수를 치기도 했다.

"야, 내가 니를 위해서 염불하고 있대이!"

그래도 그는 아랑곳없이 나를 만나기만 하면 으레 첫 인사가 "형님 위해서 기도합니다"였다. 그런 짓 하지 말라고 놀려도 안 되고 윽박질러도 소용없고 사정해도 막무가내인 채로 몇 년이 지나니, 나중엔 그 녀석을 보는 것 자체가 큰 스트레스였다. 그러다가 어느 날 나는 생각을 바꿔 먹었다.

'내가 참 바보대이. 할 일 없는 예수쟁이들이 인사치레로 하는 쓰잘데기 없는 말에 왜 자꾸 신경을 쓰노. 그냥 한쪽 귀로 흘려버리자.'

그렇게 마음을 비우니 편해져서 철진이가 "형님 위해서 기도합니다" 할 때마다 "오냐, 많이 해라" 하거나 어떤 날은 내가 먼저 "요새 기도 안 하나?" 묻기까지 할 정도로 만성이 된 채 그럭저럭 세월이 흘렀다.

철진이는 고등학교를 졸업하고 교육대학에 들어갔다. 대학을 마치고 초등학교 선생님으로 발령을 받는데 좀 이상했다. 보통은 조건 좋은 도시를 지망하기 마련이건만, 그는 거꾸로 경북에서 제일 깊은 산골의 가장 작은 학교에 장기근무를 자청해서 들어갔다. 내가 보기엔 여러모로 참 이해하기 힘든 인생이었다.

어쨌든 우린 그 길로 헤어졌다.

그동안 대충 헤아려 하루에 세 번씩만 "형님 위해서 기도합니다"

소릴 들었어도 일 년이면 천 번, 육 년 동안 육천 번을 들어오던 그 지긋지긋한 인사에서 드디어 해방된 것이다.

그 후로도 가문에 큰일이 있어 만날 때면 그는 변함없이 내 옆에 와서 말했다.

"형님, 지금도 형님 위해서 기도하고 있습니다."

"야, 니 참 대단하대이. 그 정성으로 사법고시 공부했으면 벌써 판검사 해먹었겠다."

나는 그의 말에 비아냥으로 일관했고, 그 지독한 정성도 내겐 여전히 아무 의미 없었다.

_별것 아닌 은혜

그렇게 살아오던 내가 드디어 1987년에 청송감호소에서 성령님을 만나고 거듭나는 은혜를 체험하자마자 제일 먼저 떠오른 사람이 철진이었다.

'아! 철진이가 어릴 때부터 온갖 욕을 먹으면서도 나를 위해 중보기도를 어마어마하게 했구나.'

비로소 그 사실이 깨달아지자 온몸에 전율이 흘렀다. 나는 그에게 득달같이 전화했다. 그때까지도 그는 깊은 산 속 시골학교에 몸담고 있었다.

"철진아, 형이 드디어 하나님을 만났대이!"

둘이서 전화기를 붙들고 울면서 은혜를 나누다가 내가 벅찬 가슴으로 말을 이었다.

"이제사 니가 날 위해 얼마나 기도했는지 알겠다. 다 니 덕분이다. 고맙대이. 어떻게 어릴 때부터 긴 세월 동안 한결같이 형을 위해 중보할 수 있었노. 참으로 고맙대이."

"형님, 그런 소리 마세요. 저 교만해집니다. 먼저 믿은 사람이 마땅히 기도해야지, 뭘 그걸 그리 크게 말씀하십니까. 아무것도 아닙니다."

"아무것도 아닌 게 아니지. 정말 어려운 일이제. 고맙대이."

그 후로도 그와 통화할 때마다 "철진아, 오늘 생각해도 고맙대이" 하면 그는 늘 별것 아니라고만 했다. "고맙대이" "별거 아닙니다"를 대여섯 번 반복하다 보니 어느 날 전화를 끊으면서 내 마음에 슬며시 이런 생각이 들었다.

'맞아, 별거 아이제. 지가 먼저 은혜받고 나를 위해 기도 좀 했겠지. 그래, 그렇다면야 뭐 대수롭잖지.'

사람이란 귀에 자주 들리는 대로 의식이 따라가기 마련인 존재다. 성품이 반듯한 사람도 삐딱한 사람과 한 달을 살면 자기도 모르게 부정적인 성향의 사람이 되고, 좀 부족한 사람도 은혜가 충만한 사람과 지내면 비슷한 모습으로 닮아간다.

가슴이 터질 듯한 철진이의 은혜를 골수 깊이 느껴놓고도 자주 그로부터 "별것 아닙니다" 소리를 듣다 보니 어느새 내 마음도 그 일은 별것 아닌 것으로 결론짓고 말았다.

그러나 알고 보니 이는 참으로 별난 일이었다.

_ 가문의 혁명

지금 우리 집안은 옛날의 그 종갓집이 아니다.

서슬 퍼렇던 부모님이 맏며느리의 전도로 10년 전에 하나님께 돌아오셔서 셋째 아들 목사에게 세례를 받으셨다. 우리 아버지는 전국 유교 세력 중 상위 서열에 속하셔서, 성균관에서 공자 제사가 치러지면 관장·부관장과 함께 제관 신분으로 참석하여 텔레비전에 얼굴을 내비치시곤 했던 분이다. 경북 유림 일대에서 손꼽던 양반이 "제사는 다 헛된 것이여. 예수 믿고 살란다" 하고 주님 앞에 돌아오셨다.

나 역시 젊은 나이에 장로로 부름 받아 방방곡곡에 예수님을 전하고 다니는 복음의 일꾼이 되었으니 그저 감사하여 말문이 막힐 따름이다.

바로 밑의 동생은 주먹 잘 쓰는 급한 성격으로 말썽을 적잖이 일으키곤 했는데, 성령세례 받고 비둘기같이 변하여 시골교회의 집사가 되었다.

그는 세상의 불의에 다시 접하지 않겠다는 신념으로 농촌으로 들어가 삼만 평의 농지를 개간했다. 낫도 한 번 들어본 적 없는 그가 일꾼 하나 없이, 일찍 심어서 일찍 거두는 조생종 벼를 동네에서 가장 느지막이 심었다. 게다가 주일엔 농사일마저 손 놓으니 첫 농사 망치는 건 누가 봐도 뻔했다.

그런데 동생이 다니던 시골교회는 성도가 별로 없어, 바쁜 일 없는 목사님이 자주 논에 심방 나오셔서 벼마다 안수기도하시고 돌아가실 땐 들판에 서서 하늘 높이 두 손 들어 축도하셨다. 동네 사람들은 늘 비웃었다.

그 해, 벼가 말라죽는 도열병이 온 지역을 휩쓸어 논마다 발갛게 타들어 가는데, 논두렁 하나를 사이에 두고 동생의 삼만 평 땅만 새파랗게 살아 있었다. 수매에서 그의 벼가 특등 판정을 받자 온 동네가 충격을 받았다. 옛날 이집트를 뒤덮었던 재앙이 이스라엘 백성이 살던 고센 땅만 피해간 기적을 하나님은 오늘 우리에게도 보여주신 것이다.

셋째 동생은 목사가 되어 목회하고 있다. 그가 신학교에 들어가는 날부터 나는 동생의 이름을 불러본 적 없다.

"전도사님, 박 전도사님!"

"형님, 민망합니다. 이름 부르세요."

"아닙니더, 전도사님. 우리 집안에 진도사님이 웬 말입니꺼. 아이고, 할렐루야!"

그러다가 중견 목사가 된 지금은 상황이 변했다.

"목사님!"

"아, 예, 장로님!"

이제 목회자로 틀이 잡힌 동생에게서 영적 권위가 느껴질 때마다 나는 참으로 흐뭇하다.

현직 경찰서장인 넷째 동생도 집사다. 여러 근무 여건상 아직 교회 안의 직분을 충실하게 감당하진 못하지만 날라리에게도 소망이 있다. 9년 동안 날라리 집사계의 대부로 살다가 하나님 손에 붙들려 오늘 이렇게 일꾼으로 쓰임 받는 내가 바로 산 증인 아닌가!

다섯째 여동생은 권사로 교회를 잘 섬기며, 필리핀에 있는 막내는 오랜 세월 방황하다가 몇 해 전 주님을 다시 만나서 그동안 못다 한 헌신과 충성을 몇 배로 갚아나가고 있다.

이렇게 우리 가족만 모여도 교회 하나를 구성할 수 있는 기적과 더불어, 그 많던 제사를 다 폐하고 정월 초하룻날 온 가족이 모여 하나님께 예배하는 가문의 혁명이 일어났다. 무서우리만치 엄중한 유교 가문이 당대에 이와 같은 복음의 가문으로 뒤바뀐 것이 과연 우연일 수 있을까?

"형님, 형님 위해서 기도합니다!"

철진이의 이 한마디 속에 들어 있는 신비한 기도의 비밀을 조심스레 들추어 본다.

_복음의 씨앗

철진이로부터 전화가 걸려왔다.

"형님, 우리 교회가 부흥회를 준비하는데 너무 골짜기라 강사님 섭외가 어렵네요. 형님이 섬기시는 명문교회 목사님께 부탁드려도 될까요?"

이덕진 목사님은 흔쾌히 허락하셔서 부흥회를 잘 마치고 돌아오셨다. 그런데 바로 그날 우리 부부를 황급히 사택으로 부르셨다.

"여보, 철진이가 아마도 목사님 편에 귀한 산나물을 챙겨 보낸 모양이니 가보세."

"그럼 담아올 걸 챙겨 가야지예."

아내는 한술 더 떠서 아예 큰 장바구니를 들고 따라나섰다.

그런데 목사님 댁에 들어서니 산나물은 그림자도 안 보이고 목사님 부부가 눈물이 그렁그렁해서 앉아 계셨다.

"장로님, 박철진 집사님한테 큰 빚을 졌더군요."

"네? 빚이라뇨?"

나는 철진이가 나를 위해 긴 세월 중보기도한 것을 어느새 당연한 일로 여기고 있었기에 느닷없는 빚이라는 말씀에 당혹스러웠다. 목사님은 이렇게 물으셨다.

"철진 집사님이 왜 교회를 나가게 됐는지 아십니까?"

거기에 대해선 전혀 모른다고 하니 참으로 놀라운 이야기를 들려주셨다.

철진이는 중학교 때 야구하다가 친구가 휘두른 방망이에 뒤통수를 세게 맞고 쓰러진 후, 주기적으로 찾아오는 극심한 두통에 시달리게 되었다. 마치 전기톱으로 뇌를 썰고 송곳으로 찔러대는 듯한 통증이 한 시간 정도 이어지다가 결국은 의식을 잃고 마는 엄청난 질병을 중학생 어린 나이에 안고 살아야 했으니 기가 찰 노릇이었다.

철진이네 집에선 이 일을 절대 비밀에 부쳤기에 종가인 우리 집에서도 전혀 몰랐다. 소문이 나기 전에 고쳐보려고 한약, 양약, 비방, 무속까지 총동원해보았지만 아무 효험이 없었다.

두통의 원인을 몰라 수술조차 할 수 없는 절망적인 상황에서 어느 날 그의 아버지가 친구들과 대화를 나누던 중에 '아무개는 교회 가서 죽을병도 나았다더라'는 말을 얼핏 듣게 되었다.

"철진아, 우리가 이것저것 다 해봐도 안 되니 마지막으로 물에 빠진 사람 지푸라기 잡는 셈 치고 너 교회 한번 나가봐라."

이렇게 그의 아버지가 아들을 교회로 떠다미신 것이다.

누구보다 유교사상에 철두철미하셨던 분이 그토록 할아버지께 꾸중을 들으면서도 미온적인 태도를 보이셨던 이유를 그제야 알았다. 사랑하는 자식을 위해서라면 자기의 사상도, 고집도, 명분도 초개처럼 버릴 수 있는 아버지의 마음이었다! 나는 철진이 아버지를 생각할 때마다 우리를 살리시려고 외아들을 십자가에 내어주신 하늘 아버지의 사랑을 더욱 진하게 느끼곤 한다.

그렇게 철진이는 교회에 출석하면서 병 낫기만을 위해 매달리던 중, 성령님의 임재를 체험하고 구원의 도리를 먼저 깨닫게 되었다.

육체의 질병은 아직 고쳐지지 않았으나 당장 이 땅을 떠난다 해도 천국 간다는 확신이 있으니 행복하기 그지없었다. 십자가의 구원과 영생의 소망을 알고 나니 어린 나이에도 복음을 전하고 싶은 열망으로 불타기 시작했다. 그의 눈빛이 달라 보이기 시작한 게 아마 이때부터였으리라.

뇌가 찢기는 듯한 극한의 고통에 몸부림치면서도 중보기도를 쉬지 않던 어느 날, 우리 집에 와서 나를 보니 가슴이 미어졌다.

'우리 큰형은 몸은 건강할지 몰라도 종손으로 태어나서 일생을 귀신에게 눌려 우상 섬기고 살다가 이 땅을 떠나면 지옥에 가겠구나.'

그때부터 그는 누구보다 나를 위해 뜨겁게 기도했다.

"하나님, 우리 큰형님을 예수 잘 믿는 사람 만들어주시고, 특히 형님은 말 잘하는 은사를 받았으니 수많은 사람에게 복음 전하는 훌륭한 전도자가 되게 해주세요."

그렇게 혼자서만 기도하다가 이젠 형님을 볼 때마다 기도하는 걸 알려줘야겠다는 생각이 들었다.

여기까지 목사님의 이야기를 듣고 보니, 질병의 고통 중에서도 나를 위해 부르짖은 그의 처절한 기도 소리가 귓전을 울리는 듯했다.

어느새 내 얼굴에 눈물이 흘러내렸고 아내도 흐느끼고 있었다.

그런 사연이 있는 줄은 꿈에도 몰랐다.

내가 우습게 흘려들었던 "형님 위해서 기도합니다"라는 한마디가 철진이 입장에선 기름틀 속에서 기름을 짜내는 듯한 고통의 절규였던 것이다.

생명을 건 그 기도는 결국 놀랍게 응답되었다.

그랬었다.

우연히 이루어진 일들이 아니었다!

한 영혼을 구원하기 위해 먼저 누군가의 간절한 기도를 요구하시는 하나님! 온 세상의 죄를 대신 지시고 십자가에 달리시기 전, 겟세마네에서 피땀 흘리며 기도하셨던 우리 주님의 모습 위에 철진이의 모습이 겹쳐졌다.

나는 그동안 예수 믿는 아내가 우리 집에 시집와서 선교사처럼 복음의 씨앗을 뿌린 줄 알고 "이리 봐도 내 사랑, 저리 봐도 내 사랑!" 애지중지했는데, 알고 보니 우리 가문의 숨겨진 진짜 첫 씨앗은 철진이였던 것이다(아내의 이야기는 전편 〈하나님이 고치지 못할 사람은 없다〉에 자세히 써놓았다).

어찌 이것이 나 혼자만의 간증이겠는가!

모양과 형편은 달라도 우리 모두는 누군가 긴 세월 동안 우리 이름을 부르며 밤낮 기도한 응답의 은혜로 살아가는 것이다.

그뿐 아니라 지금 이 시간도 하나님 보좌 우편에서 온 우주가 쩌렁쩌렁 울리도록 우리를 위해 기도하시는 영원한 중보자, 예수님이 계시기에 실수하고 넘어져도 하나님과 화목을 누린다.

더 감사한 것은 우리가 무엇을 어떻게 기도해야 할지도 몰라 우왕좌왕할 때, 심지어 죄악의 흙탕물에 빠져 허우적댈 때도 우리 안에 계신 성령님께서 대신 눈물로 탄식하며 간구하시니, 모두 그 기도들 덕분에 풍성한 삶을 살아간다. 할렐루야!

_ 인생 2막

나는 눈물 속에서 목사님의 이야기를 듣다가 철진이의 근황을 물어보았다.

"그런데 요즘도 그렇게 아프답디꺼?"

같이 따라 울던 목사님이 손등으로 눈물을 훔치며 더 기막힌 이야기를 하셨다.

수십 년간 이어지는 고통 속에서 철진이는 성자가 되다시피 했다. 혹시 숨겨신 죄 때문에 이토록 무서운 병에 시달리는 게 아닌지, 아직 고치고 버려야 할 뭔가가 남아 있지나 않은지… 끊임없는 자기 성찰은 날이 갈수록 깊어갔고, 영적으론 하나님과 깊은 교제를 누리게 되었다. 그러나 주기적으로 어김없이 찾아오는 고통은 인간인 이상 견디기 힘들었다.

어느 주일, 예배가 막 시작되는 순간에 두통이 찾아왔다.

"빛나고 높은 보좌에…."

성가대의 찬양이 시작되는데, 지휘석에 선 철진이는 자세를 흐트리지 않으려고 이를 악물었다.

'하나님, 정말 너무합니다. 하필이면 예배시간에 이러셔야 합니까? 성도들 앞에 고통으로 몸부림치는 모습을 꼭 보여야 합니까? 제발 예배 끝날 때까지만 견디게 해주세요!'

겨우 그 시간을 버텨낸 그는 목사님의 축도가 끝나자마자 근처의 학교 숙직실로 내달려 머리통을 쥐어 잡고 아득히 정신을 잃어갔다. 그리고 그 와중에서도 나를 위해 기도하기를 잊지 않았다.

"하나님, 우리 박효진 형님을 꼭 기억하셔서 예수님 잘 믿고 복음 전하는 사람 되게 해주세요…."

그런데 그날따라 자기도 모르게 욥과 같은 심정으로 이런 기도가 뒤이어 터져 나왔다.

"…하나님, 제가 뭘 잘못했습니까? 한평생 이 산골에서 세상의 죄악 된 모습은 보지도 듣지도 않고 최선을 다해 살고 있지 않습니까? 다른 사람들은 대충 살아도 별 어려움 없이 건강한데, 왜 하필 제게는 이토록 큰 고난을 주십니까? 차라리 저를 죽여주세요. 이 긴 세월 고통을 견디는 것도 이제 지쳤습니다… 주님, 그러나 혹시 저 같은 것도 주의 종으로 부르신다면 늦은 나이지만 지금이라도 순종하겠습니다."

그런데 그날 평생 처음으로 두통이 극한 상황까지 치닫지 않고 이내 회복되었다. 참으로 신기한 일이었다. 그러니 한 달 내내 앉으나 서나 머릿속은 온통 그 기도 생각뿐이었다.

'하나님께서 정말 내가 주의 종 되기를 원하시는가?'

얼마 후 어김없이 다시 두통이 찾아왔다.

"주님이 원하시면 당장 주의 종의 길을 준비할 테니 제발 저 좀 해방시켜 주세요."

눈물로 기도하는데 그날은 두통이 순식간에 끝나버렸고, 어느 날부턴 아예 통증이 찾아오지 않은 채 한 달 두 달 지나더니 수년이 지난 지금은 완전히 나아버렸다.

그 완치된 몸으로 기쁘게 부흥회를 마치고 비로소 우리 목사님께 지난 세월을 털어놓은 것이다.

그날 우리 부부는 목사님 부부와 어깨동무를 한 채 밤이 깊도록 눈물로 기도하고 찬송하며 우리끼리 또 부흥회를 했다. 하나님의 살아계심이 얼마나 고맙고, 오늘도 우리의 간절한 기도에 응답하셔서 기적을 일으키시는 그 은혜가 얼마나 감사한지!

철진이는 지방 신학교 야간과정을 마쳤다. 하나님께서 앞으로 그의 인생 2막을 어떻게 인도하실지 나는 기대 가득한 마음으로 지켜

볼 것이다. 오랜 세월 나를 위해 고통의 늪 속에서도 기도하기를 쉬지 않았던 그의 은혜를 이젠 내가 갚아 나가리라 다짐하며.

"철진아, 니 위해서 형이 기도한대이!"

그 선배, 박석기

"어이, 박 주사, 오늘 저녁 시간 있나?"

"남아도는 게 시간 아입니꺼. 선배님요, 오늘도 어디 재밌는 데 있심니꺼?"

퇴근시간만 다가오면 으레 주고받는 우리의 일상 대화였다.

내가 20대 후반 무렵 대구 중구청 세무과에 근무할 때, 같은 사무실의 선배 박석기 씨는 보기 드문 호방한 성격에다 풍류를 아는 한량 중의 한량이었다(나는 교정직 공무원으로 전직하기 전에 행정직 공무원으로 근무했으며, 그 전후 이야기는 전편 〈하나님이 고치지 못할 사람은 없다〉에 수록돼 있다).

박 선배는 음주가무에 뛰어난 실력은 물론 화술 또한 좋아서 항상 모든 오락과 화제의 중심에 있었다. 당시 미혼이었던 나는 자유로운 몸과 영혼이었기에 나의 우상 박석기 씨와 어울려 지내는 것이 참으로 행복했고 자랑스럽기까지 했다.

폭탄주 제조법, 아무리 마셔도 취하지 않는 법, 춤추며 노는 법도 등을 그와 늘 같이 다니며 습득해 나가는 나의 학습력 또한 만만치 않아서, 빠른 속도로 제법 고수의 반열에 진입하고 있었다.

_재수 없는 선배

그러던 어느 날 퇴근 무렵.

당연히 의기투합하여 오늘의 행선지를 정해야 할 박 선배가 자기 자리에서 미동도 없이 조용히 앉아 있었다. 궁금해서 슬그머니 뒤로 다가가 막 등을 두들기려는 순간, 그의 눈에서 흘러내리는 눈물을 보고 나는 깜짝 놀랐다. 천장 쪽으로 시선을 고정한 그가 하염없이 울고 있는 게 아닌가!

'집에 무슨 큰 문제가 생겼거나 개인적으로 엄청 어려운 일이 벌어졌나 보다' 생각하고 우는 그를 그냥 둔 채 조용히 되돌아와 내 책상에 앉아서 밀린 업무처리에 몰두했다.

퇴근길에 정문 경비실 앞에서 그를 만났다.

누군가를 기다리는 것 같았다.

"선배님, 누구하고 약속 있심니꺼?"

"응, 건축과 한 계장하고 만나기로 했어"라며 그는 손에 들고 있던 조그만 책자를 탁자 위에 내려놓았다. 언뜻 제목을 보니 '열왕기서'라고 적혀 있었다. 나는 그때까지 성경이라곤 손에 들어본 적도 없던 터라 무슨 책인지 알 리 없어 그저 '왕비열전'이나 '삼국지' 따위에 등장하는 왕들의 이야기겠거니 했다. 무심코 책장을 넘겨보니 책의 분위기가 몹시 이상하게 여겨졌다.

"어이, 박 주사. 그게 무슨 책인지 아나?"

아직 상황파악이 안 돼 어리둥절한 내게 그가 충격적인 말을 던졌다.

"그 책 성경인데…."

그 말을 듣자마자 나는 책을 탁자 위에 팽개쳤다. 다른 사람도 아닌 박석기 선배가 재수 없게 '성경'을 들먹이다니!

그는 덥석 내 양손을 잡더니 또 울기 시작했다.

"박 주사, 실은 말이야… 나는 어릴 때부터 교회를 다녔고 우리 아버지는 장로님이셔. 고등학교 졸업할 때까지만 해도 예수 잘 믿고 착실하게 살았는데, 대학 들어오면서 허랑방탕하게 지내다가 여기까지 왔네…."

나는 잡힌 손을 뿌리치고 싶었지만 그 손아귀 힘이 어찌나 센지, 그대로 그의 눈물 어린 이야기를 들을 수밖에 없었다.

"…근데 말이야, 나 얼마 전에 살아계신 하나님을 다시 만났어. 박 주사, 하나님이 분명히 살아계셔!"

나는 치가 떨리는 배신감에 그의 얼굴도 보기 싫고 목소리도 듣기 싫었다.

'뭐? 나를 이렇게 수준 높은 한량으로 만들어놓고 인제 와서 지 혼자 '하나님'이라꼬?'

그의 얼굴에 줄줄 흘러내리는 눈물조차 역겨워 나는 세차게 손을 뿌리치고 번개처럼 뒤돌아서서 단숨에 도로를 건너 나만의 길을 향해 달려갔다.

그날 이후 한 사무실에 근무하면서도 나는 그와 눈도 마주치기 싫어 꼭 해야 할 말이 있으면 쪽지에 용건을 적어서 사환을 통해 전달하고, 때로 그가 내게 볼 일이 있어 다가올라치면 일부러 볼펜을 책상에 휙 집어 던지고 밖으로 나가버렸다. 하나님이라는 자체가 소름 끼쳤고, 그 하나님 때문에 울고 있는 그는 더 기가 막혔다.

자기 자리에 앉아서 시도 때도 없이 허공을 바라보며 소리 없이 울던 박 선배는 얼마 후 인사이동이 되어 북구청으로 갔고, 그렇게 꼴보기 싫던 그와 다행히 헤어지게 된 나는 비로소 안도의 숨을 내쉬었다.

이전에 친형제보다 더 가까이 지내면서 존경하기까지 했던 그는 그날 이후로 내 기억 밖으로 완전히 밀려난 존재가 되고 말았다.

_그리운 선배

세월이 흘렀다.

전편에 기록된 대로, 예수쟁이 아내와 결혼하여 발단된 종교 갈등으로 가정과 가문이 전쟁터가 되자 도피하듯 옮긴 직장이 꿈에도 생각지 못한 교도관일 줄이야!

부산교도소를 거쳐 그 당시 지옥의 땅이라 불리던 청송감호소로 발령받아 근무할 때까지만 해도 나는 하나님에 대해 전혀 외인이었다.

"박 주임은 한 세기에 하나 나올까 말까 한 멋쟁이 중의 멋쟁이야!"

직장에서 내 인기는 하늘을 찔렀다. 잘 놀고 잘 마시고 분위기 살릴 줄 아는 한량수업을 이미 대구시 중구청에서 박석기 선배를 통해 단단히 받았기에.

그랬던 내 인생에 성령님이 찾아오셨다!

"네가 하나님의 성전인 것과, 하나님의 성령이 네 안에 거하시는 것을 알지 못하느뇨?"라는 말씀과 함께 나를 사로잡으신 그분은 하룻밤 사이에 내 영과 육을 완전히 새롭게 만드셨다. 그때까지 내 삶의 중심을 차지하던 술, 담배, 화투 등 온갖 경건치 못한 것들을 일시에 몰아내시고 그 자리에 살아계신 하나님이 대신 들어오셨다. 할렐루야!

직장에서 나를 대하는 동료들의 태도도 덩달아 뒤바뀌고 말았다. 그렇게 신바람을 불러일으키던 유흥의 주인공 박 주임이 어느 날 갑자기 하나님을 만났다며 즐기던 모든 것으로부터 돌아서 버렸으니 나를 이해해줄 사람은 아무도 없었다. 회식자리에선 술 마시지 않는다고 핍박을 당하고, 동료들에겐 같이 어울려 놀지 않는다고 왕따를 당하면서 나도 많이 울었다.

상관들은 나를 벌레 보듯 미워하기 시작했고, 따르던 부하 직원들도 모두 등을 돌렸다. 직장이라는 조직에서 상관에게 인정받지 못하는 간부 편에 줄 서봤자 득 될 게 없다는 걸 잘 알기에 그들을 충분히 이해했다. 하나님을 만난 기쁨이 큰 만큼 현실의 삶은 괴로웠다.

"하나님, 나도 윗사람에게 사랑받고 아랫사람들에게 존경받으며 재미있게 살고 싶습니다. 참말로 외롭심니더!"

새벽마다 벽에 머리를 기댄 채 많이도 울었다.

그러던 어느 날.

주님 앞에 눈물로 하소연하던 내 머릿속에 박석기 선배가 번뜩 떠올랐다. 중구청에서 헤어진 이후 단 한 번도 생각나지 않았던 그가 불현듯 기억된 것이다.

"아, 내게 조롱받으면서도 그렇게 매일 울던 박 선배의 눈물이 바로 이런 것이었구나!"

비로소 그의 마음이 이해되자 그가 못 견디게 보고 싶어졌다. 우선 사과하고 싶었고, 믿음 때문에 외로운 사람들끼리 마음껏 은혜도 나누고 싶었다.

나는 그날부터 틈나는 대로 그를 찾기 시작했다.

그러나 그의 근황을 알아내지 못했다. 북구청으로 발령받아 간 뒤 얼마 지나지 않아 사직한 후에는 연락이 닿는 사람을 찾을 수 없었다.

날이 갈수록 그가 더 그리웠다.

_ 당신 같은 인간이 우째…!

십수 년이 흘렀다.

어느 주일 아침, 교회 사무실로 나를 찾는 전화가 걸려왔다.

당시 나는 주님의 은혜에 이끌려 평신도 사역자로 부름 받아 국내외 간증집회로 눈코 뜰 새 없이 바쁜 때였다.

수화기를 들고 내가 말했다.

"예, 박 효진 장롭니더."

"지금 전화 받으시는 분이… 박효진 장로님 본인입니까?"

"예, 제가 맞심니더. 실례지만 누구십니꺼?"

"아니, 지금 전화 받으시는 분이 옛날 대구 중구청에 근무했던 박효진 씨가 틀림없습니까?"

전화기를 통해 들려오는 투박한 음성과 다소 무례한 듯한 언사에 내 신경이 살짝 곤두섰다.

"예, 맞습니나만… 누구신네요?"

자기 신분도 밝히지 않은 채 그는 따발총처럼 말을 쏘아댔다.

"그러면 지금 전화 받으시는 분이 옛날 대구 중구청 다닐 때 매일 술 퍼먹고 개판 치던 그 박효진 씨가 틀림없습니까?"

"대체 누구심니꺼?"

"아니, 당신 같은 인간이 어떻게 장로가 됐노?"

순간 화가 치밀어 올랐다.

"정말 누구신데 아침부터…!"

"나 박석기요, 박석기!"

그 순간 짜증 대신 반가움으로 나는 자리에서 펄쩍 뛰어올랐다.

"박 형, 이게 얼마 만잉교? 내 그동안 박 선배 찾을라꼬 얼마나 애썼는지 알기나 하능교? 지금 어디 계시는데요?"

"나 서울 살아요. 대치동."

"같은 서울 하늘 아래 살면서도 그렇게 몰랐네요. 그래, 박 선배는 지금 무슨 일 하심니꺼?"

잠시 뜸을 들이더니 그가 대답했다.

"나, 목사요."

나도 즉각 우스갯소리로 대꾸했다.

"아니, 박 형 같은 인간이 우째 목사가 됐능교?"

웃음도 잠깐, 갑자기 박석기 목사님이 전화기 저편에서 대성통곡을 시작했다. 한참을 울던 그가 조금 진정이 되는 듯해 내가 조심스레 물었다.

"목사님요, 와 그러심니꺼?"

"박 장로, 내가 그동안 당신 때문에 얼마나 울었는지 아는가? 그 눈물을 다 모으면 서 말도 넘을 거야."

"와요? 무슨 일 있었심니꺼?"

"생각해보시오. 내가 젊은 날에 당신을 만나서 옳은 길로 인도하지는 못하고, 지옥 가는 급행열차만 태워놓고 헤어졌으니 내 마음이 얼마나 아팠겠어요!"

그는 새로이 만난 주님의 은혜를 감당할 수 없어 북구청에서 사직한 후 신학교를 거쳐 목사가 되었다. 강단에서 하나님의 말씀을 전하고 천국과 지옥을 설교할 때마다 중구청에서 헤어진 박효진이 늘 생각나서 가슴이 찢어질 듯했다.

'이 인간은 지금 어느 유흥가의 밑바닥을 헤매고 있을까?' 싶어 어두운 밤길을 가다가 누군가 전봇대를 잡고 비틀거리는 모습만 봐도 '혹시 그가 아닐까?'라는 생각에 달려가 얼굴을 확인한 적도 많았다. 잠 못 이루는 깊은 밤마다 주님 앞에 엎드려 십수 년을 한결같이 간구했다.

"하나님, 박 주사가 어느 하늘 아래 살아 있기만 하다면 누군가의 손길을 통해서라도 꼭 예수 믿게 하시고, 지옥의 그늘에서 벗어나 구원의 길에 들어서게 하소서."

언젠가 교단 신문에 내 기사가 실린 적 있다.

당시 교단 총회본부에서 교육국장으로 재직하던 박석기 목사님은 내 사진과 기사를 보고 충격에 휩싸였다. 그 옛날 불빛 찬란한 동성로 밤거리를 휘젓던 박효진이 어느새 의젓한 장로가 되어 국내외를 비좁은 듯 휘저으며 복음을 전하고 있다니! 선뜻 믿기 힘든 사실 앞에 '아무리 봐도 그 인간이 이 인간인데…' 하며 몇 번이나 눈을 씻고 보고 또 보셨다고 한다.

십 년이 넘는 긴 세월 동안 한 영혼을 위해 '서 말 눈물'을 쏟았던 목사님의 기도가 오늘 내 삶의 밑거름이라는 생각이 들 때마다 나는 가슴 졸아드는 감사로 하늘을 대한다.

나 역시 평생에 기도해주어야 할 사람을 마음에 품고 오늘도 서 말 눈물을 기꺼이 흘리는 생명의 릴레이를 이어나가리라.

누군가 널 위해 기도하네.
네가 홀로 외로워서 마음이 무너질 때
누군가 널 위해 기도하네!

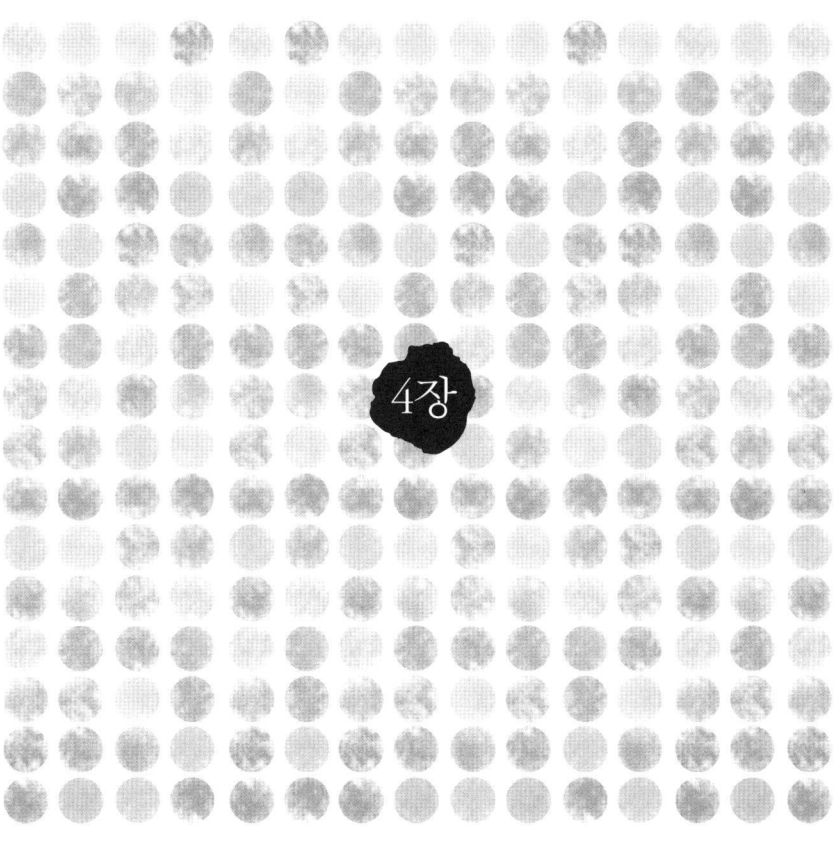

필라델피아 스릴러

미국 필라델피아 한인교회에서 간증부흥회 요청이 왔기에 먼 길을 날아갔다.

"장로님을 만나려고 뉴저지에서 오신 한 가족이 장로님이 묵으실 호텔에 어제부터 와서 투숙하며 기다리고 있는데 혹시 아시는 분들인가요?"

공항에서 숙소로 이동하는 차 안에서 목사님이 나를 기다린다는 사람의 이름을 들며 물으시는데 전혀 기억에 없었다. 줄곧 궁금한 마음으로 도착한 그곳에서 낯선 그 가족과 첫 대면을 했다.

"장로님은 저희 가족의 생명의 은인이십니다. 너무 감사해서 꼭 뵙고 싶어 이렇게 모두 찾아왔습니다."

40대 후반의 김성수 집사님과 그의 아내, 부모님과 누나 부부, 두

동생 부부와 어린아이들 너덧 명이 호텔 한 층에 방 여러 개를 얻어서 묵고 있었다.

"상세한 이야기는 오늘 저녁 집회 후에 해드리겠습니다."

궁금한 마음이 내내 가시지 않은 채 김 집사님 일가족이 참석한 첫날 부흥회를 마치고 방에 옹기종기 둘러앉았다. 그들이 털어놓는 기막힌 이야기에 나는 시종 벌어진 입을 다물지 못했다. 그것은 손에 땀을 쥐게 하는 한 편의 스릴러 드라마였다.

"장로님, 우리 부부는 한국에 있을 때 서로 유부남, 유부녀였습니다…."

골프장에서 우연히 만난 두 사람은 부적절한 관계를 맺기 시작했고, 급기야 배우자들에게 이혼소송과 함께 간통죄로 고소당해 각각 징역형을 살고 출소했다는 얘기를 김 집사가 부끄러운 듯 털어놓았다.

"…출소 후에 저희는 혼인신고를 하고 떳떳하게 살아보려 했지만 세상 부끄러워 도저히 한국에선 살 수 없습니다. 앞뒤 재지 않고 보따리 하나 달랑 든 채 미국으로 건너왔지요."

"저이랑 정말 이 악물고 발버둥 쳤어요. 밑바닥 허드렛일부터 안 해본 일이 없지요."

김 집사의 아내는 기어이 눈물을 뚝뚝 흘렸다.

천신만고 끝에 조그만 골프채 가게를 시작하여 밤낮없이 몸부림친 결과 지금은 업계 굴지의 큰 체인점 회장이 되었다.

"장로님, 이이가 그래도 보기 드문 효자예요. 돈을 벌어 생활이 안정되자 부모님, 누나, 동생들을 차례로 불러들여 각각 사업을 차려주어서 모두 성공했답니다."

이야기가 깊어질수록 의외로 김 집사는 고개를 더욱 떨구었다.

생활에 여유가 찾아오자 그는 다시 다른 여자에게 눈을 돌렸고, 아시안 계통의 젊은 여자와 동거하며 아들까지 낳았다. 그의 초청으로 미국으로 들어온 가족들은 작은 주택단지를 통째로 소유하고 모여 살았기에 태어난 아기는 모두의 비밀스런 기쁨이었다.

"시댁 식구들은 나 몰래 쉬쉬하며 아기를 이집 저집 돌려가면서 얼러대며 행복해했지만 제 마음은 어땠겠어요?"

김 집사가 푹 숙였던 고개를 겨우 들고 미안한 마음을 사죄하듯 아내의 손을 잡고는 말을 이어받았다.

"이 사람은 그때부터 극심한 스트레스로 우울증에 걸렸습니다. 제가 봐도 심각한 상황이었고 병원 치료를 비롯해 할 수 있는 건 다 해봤지만 차도가 없습디다. 나 때문에 일어난 일이었으나 저로서도 달리 방법이 없었지요."

어느 날, 시부모님의 집으로 아기를 안고 들어가는 여자와 반겨 맞는 식구들의 모습을 멀리서 보는 순간 그녀는 드디어 극단적인 결심을 하기에 이르렀다.

38구경 5연발 리볼버 권총 두 자루를 사고 사설 사격장에 등록한 후, 보통 사람들이 헬스클럽 다니듯 하루 몇 시간씩 부지런히 사격연습에 열중했다.

"매년 성탄절 전야에는 온 식구가 모여 성대한 파티를 열거든요. 바로 그날 식구들을 다 쏘아죽이고 나도 죽어버리려는 계획을 세우고 정말 열심히 훈련했어요."

웬만큼 간이 크다고 자부하는 나도 순간 등골이 서늘했다.

"장로님, 저는 제가 그렇게 총쏘기에 재능이 있는 줄 몰랐답니다. 사격장에서도 '여자 클린트 이스트우드'라는 별명이 붙을 정도였지요. 표적지 하나하나가 시댁 식구들 얼굴로 보였으니 총이 더 잘 맞은 거 같아요."

웃음기 섞인 그 말에 같이 따라서 웃긴 했지만 모두의 표정엔 뭐라 형용하기 힘든 감정들이 미묘하게 얽혔다.

"그동안 삶의 이유가 뭔지도 모르고 늘 허무하게만 살다가 이런 목표가 하나 생기니까 정말 살맛 나데요. 매일 성탄절만 손꼽아 기다렸답니다."

_모두가 사형수

그해 성탄절을 석 달여 앞둔 어느 날.

그녀는 시카고 쪽에 볼일이 있어 약 보름간 여행을 떠났다. 보통은 아주 먼 거리라 비행기를 이용하지만, 그때는 꼭 자동차로 가야 할 사정이 있어서 혼자 운전하여 편도만도 며칠씩 걸리는 먼 길을 달려갔다.

단조로운 여행길에 여러 카세트테이프를 계속 들으며 잠을 쫓고 지루함을 이겨나가던 중, 누군가 두고 간 생뚱맞은 테이프에서 생전 처음 들어보는 이야기가 울려 퍼졌다.

투박한 경상도 사투리로 왝왝대며 외치는 내용이 얼핏 들어도 예수 이야기인 것 같아 바로 꺼버리려고 하다가, 언뜻 그 음성에서 왠지 모를 친근감이 느껴져 조금 더 들어보기로 했다.

그동안 오직 자신의 힘만 의지하여 전쟁하듯 살아왔고, 이기든 지든 그 결과도 자기 책임이라는 생각으로 똘똘 뭉친 그녀에게 예수라는 이름은 제일 듣기 싫은 존재였으므로 그런 자신의 모습에 스스로 놀랐다.

스피커에선 이름 모를 누군가가 계속 열변을 토하고 있었다.

"나는 사형수들을 만날 때마다 늘 묻심니더. '니 죽을 준비 됐나? 빨리 죽을 준비해래이.' 죽는다는 소리를 가장 듣기 싫어하는 그들이라 나의 이런 말에 엄청 기분 나빠 하면서 침을 뱉는 놈, 돌아서 도망가는 놈, 주머니에 소금을 넣이 두었다가 뿌리는 놈들도 있심더…."

흥미로운 이야기에 그녀는 점점 테이프 속으로 빨려들었다.

"…야들아, 이게 기분 나쁜 얘기가 아닌 기라. 꼭 니만 사형수가? 아이라. 나도 사형수라. 니하고 내뿐 아니라 이 세상 모든 인간이 알고 보믄 다 사형순 기라. 태어날 때는 순서대로 왔제? 갈 때는 순서가 없다 아이가. 남녀노소, 빈부귀천, 왕후장상… 아무 관계없이 하나님이 오라 하믄 가야 하는 기라."

이 말을 듣는 순간 그녀는 자기도 모르게 "정말이네!" 하고 내뱉고 말았다. 그때부터 카세트에서 흘러나오는 이야기에 완전히 몰입되어 점점 가슴이 벅차오르더니, 눈물이 쏟아져 도저히 운전할 수 없는 지경에 이르렀다. 갓길에 차를 세우고 운전대에 얼굴을 파묻은 채 통곡하며, 테이프에서 흘러나오는 영접기도를 따라 예수님을 구주로 모셔 들였다.

테이프 표면에는 뉴저지 베다니교회의 주소와 '박효진 장로 간증 부흥회'라는 글씨가 희미하게 적혀 있었다. 그 교회에 연락해서 테이프 전체를 사겠다고 하니 고맙게도 교회에선 특급우편을 통해 무료로 보내주었다.

시카고에서 일을 보는 동안 테이프는 우송돼왔고, 다시 뉴저지로 돌아오는 내내 그녀는 테이프들을 듣고 또 들으며 하나님의 살아계심을 확신하고 예수님을 믿는 믿음이 얼마나 귀한지 깨닫게 되었다.

집으로 돌아오자마자 가까운 교회에 나가기 시작했고, 날이 갈수록 하나님의 사랑에 파묻혀 여태 한 번도 맛보지 못한 기쁨을 누렸다.

_잊지 못할 성탄 파티

어느덧 어김없이 성탄절이 돌아왔다.

예년과 다름없이 온 가족이 흥겨운 마음으로 김 집사의 집에 모였고, 갖가지 행사로 분위기는 절정에 이르렀다.

"여러분, 잠깐 여기를 좀 보세요."

멋지게 드레스를 차려입은 김 집사의 아내가 2층으로 올라가는 계단 중간에 서서 큰소리로 외치자 의아한 시선들이 일제히 쏠렸다.

그녀는 천천히 양손을 드레스 속으로 집어넣어 권총 두 자루를 뽑아들고는 좌중을 내려다보았다. 갑작스런 위기 상황에 모두 그 자리에 얼어붙고 말았다.

"나는 오늘 여기서 식구들을 다 쏘아죽이고 나도 죽으려고 작정하고 준비해왔습니다…."

가족들은 공포에 질려 사색이 되었다.

"…그동안 서럽고 억울했던 마음이 이렇게 해야만 풀릴 것 같아서 피맺히게 오늘만 기다렸어요."

눈물을 쏟으며 총을 든 양손을 내려뜨리면서 그녀가 말을 이었다.

"그랬는데… 그랬는데 어느 날 저는 하나님을 알게 되었습니다. 사랑으로 죽음까지 받아들이신 예수님을 믿고 난 후부터 잘못 먹은 제 마음만으로도 살인이란 걸 알게 되었고요…."

마침내 통곡이 터졌다.

"…잘못했습니다. 저를 용서해주세요. 그리고 사랑합니다. 내 가족들을요!"

권총을 바닥에 던지며 자신도 고목나무 넘어지듯 쓰러져 오열하는 가운데 충격적인 성탄절 파티는 막을 내렸다.

식구들은 모두 모여 그간의 일을 돌아보며 갖가지 의견을 쏟아냈다.
"정말 우리가 심하긴 심했어."
"입장 바꿔 생각해도 충분히 이해는 되네."
"그래도 권총은 너무했잖아. 이거 범죄행위 아냐?"
"아니야, 이건 전적으로 우리 책임이야."

몇 번의 가족회의 끝에 차츰 모든 이의 마음이 하나가 되어, 김 집사는 자신의 그릇된 처신을 반성하고 아이 엄마를 잘 설득해서 관계를 정리했다. 아마 상당한 보상을 해주었겠지만 그 부분은 굳이 누구도 말하지 않았다.

"장로님, 아이는 제가 제 핏줄보다 더 소중히 키우기로 했구요. 더 놀라운 사실은 모든 식구가 제 이야기에 충격과 감동을 받아서 함께 교회에 출석하며 신앙을 가지게 된 겁니다."

김 집사의 아내 눈에서 그렁이던 눈물방울이 기어이 앞섶으로 뚝 떨어졌다.

다들 사업으로 성공한 가족이라 교회를 위해 헌신하는 손길들도 대범했고, 무엇보다 이미 죽었을 목숨이 주님의 은혜로 이렇게 살아간다는 감동으로 그들의 신앙심은 남달랐다. 매서운 시련의 찬바람을 겪고 난 뒤 온 식구는 더 단단하게 결속하여 하나님이 주시는 화평함 속에서 천국을 만들어갔다.

_ 은혜 속의 만남

그러던 어느 날, 이들 대가족이 모여 식사하던 중에 누군가 불쑥 의견을 냈다.

"우리가 이렇게 행복하게 살면서 아직 생명의 은인을 찾아보지 못했네요."

시어머니가 반색하며 맞장구쳤다.

"맞아, 맞아. 며느리가 테이프를 듣고 예수님을 믿게 되었다는 그 박 장로라는 분 말이지?"

시삼촌도 손뼉을 치며 거들었다.

"우리 몇 사람만이라도 한국에 나가서 그분을 만나 뵙고 고맙다는 인사를 드려야 도리 아닐까?"

"그 장로님 아니었으면 우린 벌써 죽고 없을 사람들인데 어디 고맙다는 인사치레로 되겠어요?"

그리하여 가족 대표 몇 명이 가까운 시일에 한국으로 나가서 그 테이프의 주인공을 찾아보기로 했다.

그러던 중 〈하나님이 고치지 못할 사람은 없다〉의 저자 박효진 장로가 필라델피아 어느 한인교회에서 집회를 인도한다는 광고가 지역 신문에 실렸다. 마침 멀지 않은 곳이라 온 가족이 모두 집회에 참석하고 감사의 인사를 전하는 것으로 합의되었다.

"이렇게 만나 뵈니 정말 하나님의 은혜가 얼마나 감사한지 다시 느껴지네요. 새 생명을 얻은 사람답게 앞으로 많은 이들을 섬기는 삶을 살자고 우리 가족은 늘 다짐한답니다."

김 집사의 말에 모두 숙연한 기쁨이 번지는 표정으로 서로를 바라보았다. 철모르는 어린아이들의 해맑은 웃음소리가 건넌방에서 들려왔다.

"주님의 은혜가 아니었다면 저 아이들의 웃음소리를 들을 수 있었을까요?"

어느새 우리도 소리 내어 웃으며 이야기꽃을 피어나가던 중, 내가 김 집사님의 아내에게 짐짓 장난스레 물었다.

"정말 그렇게 총을 잘 쏘았나요?"

"네, 사격장에서 몇 손가락 안에 들 정도로 실력이 좋았답니다."

역시나 장난스럽게 대꾸하는 그녀의 표정에서, 죽음의 어두운 세계로부터 밝은 생명의 세계로 모두를 이끌어내신 주님의 미소가 번지는 듯했다.

나도 전혀 몰랐던 낯선 장소, 다른 시간대에서도 하나님은 구원하실 자들을 찾으시고 어떤 방법으로든, 하찮아 보이는 카세트테이프 하나를 통해서라도 기어이 구원해내심을 다시 한 번 확인한 그날 밤 나는 어느 때보다 단잠을 이루었다.

설매리에 내린 은혜

"장로님요, 부흥회는 한다고 했지만 옳게 될는지는 모르겠니더."

오래전에 약속된 부흥집회를 인도하기 위해 안동역에서 만난 젊은 전도사님이 왠지 시큰둥한 표정으로 묵묵히 차를 운전하고 가다가 불쑥 한마디를 던졌다. 충격을 받은 내가 그의 옆얼굴만 뚫어지게 쳐다보고 있자니 잠시 후 더 강도 높은 폭탄선언을 했다.

"우리 교회는 성도가 없니더. 우리 부부하고, 집사님 부부하고, 혼자 나오시는 집사님하고 다섯 명뿐이니더."

약 1년 전, 전화로 설매리 교회의 사모라고 밝히며 3일간의 부흥집회 요청을 해왔었다. 내가 알기로 설매리는 깊디깊은 산골짝에 있는 오지인지라 인간적인 생각으론 선뜻 마음이 내키지 않았다.

그러나 내 집회사역 초기에 주님께서 엄히 명령하신 바가 있기에 두말없이 승낙하고 일정을 잡았던 것인데, 전도사님의 두 마디 말에 나는 힘이 쑥 빠져버렸다.

'이분이 담임 전도사님이 맞긴 맞나? 마치 남의 집 얘기하듯… 도대체 부흥회 할 생각이 있기나 한 건가?'

차창 밖으로 무심히 스쳐 가는 앙상한 겨울 가로수를 바라보며 가자니, 앞으로 견뎌야 할 3일간의 고난에 대한 염려로 마음이 스산했다.

깊은 산골, 짧은 겨울 햇살이 금세 어둠으로 바뀐 시각에 도착한 설매리는 접시를 엎어 놓은 듯한 분지형 마을이었다. 야트막한 동산 위에 세워진 교회는 생각보다 아담하고 참했다.

"장로님요, 저 교회도 우리가 세운 게 아니고요, 안동에 있는 큰 교회에서 지어준 기라요."

묻지도 않았는데 전도사님이 또 '친절하게' 설명해준다.

그런데 이게 웬일인가?

교회 안에 들어서니 약 40여 명의 할아버지 할머니들이 잔뜩 앉아 계셨다. 다섯 명밖에 없다는 교회에 이렇게 많이 모인 것에 감격하고 있는데, 어김없이 '특급 소빙수' 진도사님이 찬물을 휙 끼얹었다.

"장로님요, 너무 좋아하지 마이소. 우리 교회는 그래도 주민들하고 관계가 좋아서 교회행사가 있으면 첫날은 품앗이로 와주는데 내일

되면 아무도 안 오니더."

이쯤 되니 그 전도사님이 재미있어서 오히려 친근하게 여겨졌다.

_천국 가는 방법

집회가 시작되었다.

내일은 아무도 안 온다는 경고를 미리 들었으니 나도 작전을 세웠다. 재미난 만담으로 웃겨드리고 노인들 앞에서 재롱잔치로 일관하면서, 눈치채지 못하는 가운데 복음의 칼날을 휘둘렀다.

"할배 할매들요, 도시에서 지 멋대로 죄짓고 배 뚜들겨 가며 잘 묵고 잘 살던 인간들이야 지옥 가도 할 말이 없겠지마는, 우리 할매 할배들은 지옥간다 카믄 진짜로 억울하다 아이요!"

"맞어, 맞지럴!"

앞줄에 앉아 있던 몇몇 할머니들이 무릎을 탁 치면서 화답한다.

"어르신들, 평생 하늘을 친구삼고 땅을 벗 삼아 손바닥이 거북등처럼 굳어지도록 자식들 키워놓으니 이제는 다 지가 잘 나서 큰 줄 알고…, 허리 굽도록 일만 하시다가 지옥 가믄 절대로 안 된다 아이요!"

"그래, 맞는 말이제!"

이젠 제법 많은 분들이 맞장구를 친다.

"할매 할배들, 천국 가는 거 참 쉽습니대이. 설매리 파리 한 마리가 서울 갈라카믄 지 힘으론 도저히 못 갑니더. 그런데 서울 가는 제 등어리에 딱 붙어 있기만 하믄 아무 힘 안 들이고 간다 아입니꺼? 오늘부터 예수님 믿고 그 등어리에 딱 붙어 있으믄 그냥 천국 가는 기라. 내일도 꼭 교회 오셔서 재미난 교도소 이야기 들으셔야 합니대이.”

그렇게 첫날 저녁집회가 끝나고 숙소에 돌아와 밤늦도록 간절히 기도했다.

“주님께서 피 뿌려 이루신 구원이 이곳의 단 몇 명에게라도 임하게 하소서!”

다음 날 아침.

설레는 마음으로 오전집회를 준비하고 있는데 순식간에 하늘이 어두워지더니 함박눈이 펑펑 쏟아지는 게 아닌가! 50년 만의 대설이라는 눈폭탄은 불과 한 시간여 만에 무릎 높이까지 쏟아져 통행조차 불가능한 최악의 상황이 되었다. 수북수북 쌓이는 눈만큼 내 절망감도 쌓여갔다.

“하나님, 어젯밤 그렇게 정성 다해 어른들을 초청해놓았는데 우짜면 좋심니꺼?”

눈물마저 났다.

그런데 잠시 후.

눈을 의심할 만한 놀라운 광경이 펼쳐졌다. 하늘에 구멍이 난 듯 주먹만 한 눈발이 쏟아지는 예배당 언덕을 향해 종가래(나무판으로 만든 눈 치우는 기구의 경상도 사투리)로 눈을 밀어 길을 내며 삼삼오오 올라오는 마을 주민들!

눈길을 헤치고 올라온 20여 명과 복음을 나누는 내 심장은 벅찬 감격으로 시종 쿵쾅댔다. 그날 밤도, 마지막 낮집회도 변함없이 수십 명의 마을 어르신들과 꿈같이 행복한 시간을 보낸 후 마지막 밤, 내일이면 헤어진다는 마음에 할머니 할아버지들의 표정엔 아쉬움이 가득했다.

"할매 할배들요, 예수님 등에 잘 붙어 있는 방법을 배울라카문 교회에 나오셔야 합니대이. 다음 주일부터 교회에 꼭 나오실 분은 손들어 보이소."

아! 열대여섯 분의 어르신이 주춤거리면서도 손을 들었다.

내 마음엔 기쁨의 눈물이 강물처럼 흘렀다.

집회가 끝난 후 한 분 한 분과 인사를 나누고 교회당 문을 나서려는데, 할머니 한 분이 내 손을 꼭 붙들더니 삶은 계란 한 개를 쥐여주시며 소곤댔다.

"장로요, 내사 아까 손들고 싶었는데 넘사시러버서(부끄러워서) 못 들었다 아이요. 내 꼭 믿을 끼요."

숙소에 돌아온 나는 흥분으로 잔뜩 들떴다.

"하나님, 오늘은 쪼금 교만해도 되겠지예? 제가 아니면 누가 이런 놀라운 일을 하겠심니꺼? 모든 것이 다 하나님의 은혜지만 그래도…."

그러나 유치하게 까불던 내 경망함은 곧 와르르 무너지고 말았다.

_사모님의 믿음

집사님 세 분이 숙소를 찾아왔다.

잠시 인사를 나눈 뒤 세 사람은 약속이나 한 듯 꿇어앉아 울면서 놀라운 이야기를 털어놓았다.

막 신학대학에 입학한 전도사님 부부가 이 마을 교회에 부임해왔단다. 주민들은 선량했으나 교회에 나간다는 건 금기시되는 불문율과 같아서 전도의 문은 꽉 닫힌 상태였다.

'어떻게 하면 이 마을에 복음의 씨앗을 심을 수 있을까?' 고민하던 사모님이 어느 날 박효진 장로의 간증 테이프를 듣게 되었다. 제법 구수한 경상도 사투리에 투박한 어투가 마을 주민들에게 설득력이 있겠다 싶었으나, 교회 형편상 부흥회 요청은 아무래도 무리였다.

사모님은 마지막 승부수를 띄웠다.

"하나님, 염치불구하고 일단 박 장로님께 요청을 해보겠습니다. 만약 그분이 '성도가 얼마나 모입니까?' 등을 물어오신다면 조용히 전화를 끊을 것이고, 혹시 아무것도 묻지 않고 오시겠다고 하면 하나님이 보내신 줄 알고 부흥회 준비를 하겠습니다."

사모님의 전화를 받았을 때 물론 나는 아무것도 묻지 않았다. 오래

전 내 사역의 초기에 성령님께서 마음 깊이 새겨주신 명령이 하나 있기 때문이다.

"내가 너를 많은 곳에 세울 텐데, 네 일생 다할 때까지 초청하는 교회의 형편이나 규모를 묻지 마라!"

사모님은 집사님 세 분과 부흥회 계획을 의논했으나, 교인도 재정도 없는 형편에 무슨 부흥회냐고 모두 펄쩍 뛰며 반대했다. 남편 전도사님부터 강력히 거부하고 나서니 사모님의 실망이 어땠으랴!

사모님은 40일 철야기도에 돌입했다. 그러나 세 집사들은 기도에도 헌금에도 동참하지 않았다. 반대 시위였다.

부흥회 일주일 전부터 사모님은 혼자 '여리고 기도'를 시작했다. 저녁마다 마을을 한 바퀴씩 돌며 복음의 승리를 선포했고, 마지막 날엔 일찌감치 마을을 일곱 바퀴 돌고 나서 새벽녘에 교회로 돌아와 함성 같은 기도로 밤을 지새웠다.

나를 찾아온 집사님들은 자신의 믿음 없음과 사모님에 대한 송구함으로 연신 어깨를 들먹이며 울었다. 그러나 더 깊은 충격과 회개는 멍하니 듣고 있던 나 자신의 몫이었다. 설매리의 이 놀라운 열매는 당연히 내 능력 덕이 아니었던 것이다.

그날 밤 내 영혼은 구원을 이루어 가시는 주님의 오묘한 손길에 그 어느 때보다 소름 돋는 감각을 맛보았고, 더욱 겸손하게 살아야겠다는 결단을 거듭하지 않을 수 없었다.

역으로 가는 차 안에서 전도사님은 올 때와는 사뭇 달리 연신 싱글댔다. 부흥회는 마을 어르신들을 위한 것이기도 했지만, 정작 큰 은혜를 받은 이는 전도사님이었다.

"장로님요, 저는 아내 덕에 살아가니더."

그해 신학대학원 졸업반이던 그의 근황이 궁금하다.

내가 알지 못하는 어느 곳, 어느 시간에서도 계속되고 있을 하나님의 아름답고 흥미로운 구원 역사에 '특급 소방수'였던 그가 이제는 '은혜의 방화범'이 되어 복음의 불을 붙이고 있으리라 기대해 본다.

올해 겨울에도 설매리엔 많은 눈이 하나님의 은혜처럼 내려 쌓일 것이다.

인생은 아름답다!

"아빠, 내게는 아마도 교도관의 피가 흐르나 봐."

중학교에 다닐 때부터 딸 소영이는 자주 이런 말을 했다.

"아빠가 교도소에서 수용자 아저씨들에게 복음을 전하고 기도해주시는 이야기를 들을 때마다 나도 늘 아빠처럼 살고 싶다는 생각을 했어요."

딸은 청소년 지도학을 전공하고 관련 사역을 하던 중, 소망교도소 개청을 위한 직원공개채용시험에 응시하더니 합격이 되어 정말 어릴 때부터 하던 말 그대로 교도관이 되었다.

황량한 15척 담장 속, 우락부락한 수용자들 틈에서도 주눅 들지 않고 행복하게 제 맡은 일을 해내는 딸을 볼 때마다 아비로서 대견하기도 하고 한편으론 애처로운 마음도 든다. 딸은 입사동기 직원과 결혼하여 소내 1호 커플이 되었고, 벌써 두 아들을 두었다.

그들보다 8개월 뒤에 내가 소망교도소에 부름 받아 왔고, 지금은 아버지와 사위와 딸이 '사람을 살리는 공동체'인 믿음의 동산에서 같이 근무하는 복을 누린다. 가족이 함께 일하는 것이 때론 불편하고 어려운 점도 있지만, 한마음 한뜻으로 같은 목표를 향해 힘을 모으며 가는 길이 얼마나 감사하고 기쁜지!

그런데….

아들 민은 중학교에 들어와서부터 이곳저곳 전근 다니는 아빠를 따라 잦은 전학을 하면서 한때 유행병처럼 번졌던 왕따에 걸렸다.

따돌림과 때론 구타까지 당하며 힘겹게 중학교를 졸업하더니, 고등학교에 들어가서부턴 슬슬 엇길로 나가기 시작했다. 컴퓨터 게임에 빠져들어 밤낮을 가리지 못하고, 중학교 시절에 당했던 왕따에 대한 보상심리 때문인지 불량한 녀석들과 어울려 다니며 공부는 뒷전이었다.

교회에선 학생회 회장으로 예배인도는 물론, 여러 행사에 열심히 앞장서면서도 밖에만 나가면 못된 짓을 골라서 하니 참으로 골칫덩이였다. 심지어 술 담배까지 입에 대는 것을 안 순간 나는 온몸의 피가 거꾸로 치솟는 듯해, 집에 있던 죽도(검도용 나무칼)로 죽도록 두들겨 팼다.

"야, 이놈아. 니가 장로 아들이 돼서 이게 무슨 꼬라지고, 엉?"

그러자 이 녀석이 양손으로 죽도를 움켜잡으며 항변하는 게 아닌가.
"아부지, 아부지가 장로지 제가 장롭니까?"
생각해보니 그 말이 맞긴 맞았다.
"그래도 이노무 자슥아, 아부지는 사역자가 돼서 온 세상 다니며 경건을 설교하는데 자식이 이 꼬라지믄 나는 영락없는 사기꾼이제. 오늘부터 술 담배 다 끊어라!"
나중엔 어찌 되더라도 지금은 겁에 질려 두 손을 싹싹 빌면서 "예, 끊겠습니다" 할 줄 알았던 아들 입에서 기막힌 대답이 튀어나왔다.
"단번에 끊기는 힘들구요, 차차 줄여보겠습니다."
"……"

수능시험을 쳤는데 400점 만점에 300점도 안 되는 점수를 받았다.
"야, 이 녀석아, 엉덩이로 써도 이보단 잘 나오겠다!"
결국 갈 만한 대학이 없어 재수하게 되니 나는 속이 상할 대로 상했다. 뜻을 세우고 이 악물며 노력해도 재수해서 성공하기 힘든 판에 정신 놓고 오락가락하는 아들놈은 누가 봐도 인생 종친 거였다.
초청받은 교회에서 집회를 인도할 때마다 아들 또래의 젊은이들이 앞자리에 앉아 눈을 반짝이며 은혜받는 모습을 보면 내 마음에 피눈물이 흘렀다.
견디다 못해 나는 어느 날 아예 죽을 각오하고 금식하며 교회에 가서 기도로 하나님께 매달렸다.

"하나님, 정말 너무 하십니다. 하나님도 생각이 있으시면 생각 좀 해보이소. 젊은 나이에 저를 직장에서 불러내어 복음 전하는 일꾼으로 쓰신다믄 적어도 자식은 책임져주셔야 안 됩니꺼?(나는 50세에 하나님의 부르심을 받아 직장을 그만두고 십여 년 동안 평신도 사역자로 다니며 집회를 인도했다.) 제가 돈을 달라 했심니꺼, 명예를 달라 했심니꺼. 자식 저 꼴로 놔두고 제가 사람들 앞에서 무슨 소리를 떠들겠심니꺼. 사기꾼이지요. 저는 못합니다. 차라리 저를 죽여주이소!"

주리고 상심한 채 워낙 서럽게 울다 보니 혼수상태처럼 축 늘어져 깜박깜박 잠이 드는 찰나, 마음속에 고요한 음성이 스쳤다.

"얘야, 너 강○○ 박사 알지?"

"알지요."

"자식들 어떻게 키웠디?"

"잘 키웠두만요. 큰아들은 의사고, 둘째는 변호사고… 훌륭하게 키웠던데요."

"그렇지. 그러면 너희 교회 부흥회 왔던 최○○ 목사 기억나니?"

"물론 기억나지요."

"자식들 어떻게 키웠더냐?"

"역시 잘 키웠더군요. 큰 아이는 회계사, 둘째는 마이크로 소프트에 우수힌…."

한참 속으로 대답하다가 '누구 약 올릴 일 있심니꺼? 내 자식은 저 꼴인데…'라는 억하심정으로 말문을 닫아버렸다. 그때 다시 마음 깊은 곳에서 하나님의 음성이 따스하게 와 닿았다.

"그동안 자식 출세한 이야기, 잘 된 이야기는 얼마나 많이 들었니? 그런데 애야, 의외로 너처럼 자녀 때문에 가슴 아파 눈물 흘리는 부모들이 많단다. 그 많은 부모의 쓰린 마음을 누가 헤아리고 위로해줬느냐? 나는 네가 그들의 고통을 가슴에 품고 눈물을 닦아주며 마침내 믿음 안에서 참 소망을 전해주길 원한다."

그 순간 배고픔과 졸음과 피곤이 일시에 확 걷히며 눈이 번쩍 뜨였다.

"아, 맞네요! 정말 그러네요. 아이고, 하나님, 감사합니더!"

지난 수년간 아들 생각만 하면 늘 화가 치밀어 견딜 수 없는 심적 고통을 느꼈는데, 비로소 진정한 감사가 내 입에서 터져 나왔다. 비몽사몽 중에 정신을 차려보니 엎드려 있던 의자에 눈물이 흥건했다.

그동안 덩치가 말만 한 녀석이 밤새 컴퓨터 게임을 하다가 해가 중천에 솟을 때까지 엎드려 자는 꼴을 보노라면 다리에 숭숭 난 털을 다 뽑아버리고 싶더니, 갑자기 그 아들이 어찌 그리 사랑스럽고 보고 싶던지…. 황급히 집으로 돌아와 삼 년 만에 처음으로 자는 놈을 끌어안고 뺨을 부벼주었다.

"애야, 아버지가 니 사랑한다. 담배 못 끊겠나? 그라믄 피워라. 술 못 끊겠나? 까짓거 마셔라. 죽지만 말고 퍼먹어라. 그래도 나는 니를 사랑한대이!"

아들은 아버지가 자기를 놀리는가, 아니면 너무 큰 충격으로 실성

하셨나 싶어 눈이 휘둥그레졌지만 나는 진심이었다.

그날 이후로 못난 아들을 생각할 때마다 감사와 기쁨이 내 마음에 넘쳐났다. 인간의 보편적인 상식으론 이해할 수 없는 은혜였다.

얼마 후, 어려운 분들이 많이 사시는 부산의 어느 외진 동네에 3일간의 부흥집회를 인도하러 갔다. 둘째 날 저녁, 한참 은혜를 나누던 중에 문득 아들 생각이 났다.

"여러분, 제 이야기가 은혜롭심니꺼? 그런데 우짭니꺼! 저는 앞에 서서 하나님의 사랑과 능력을 전하고 있지만, 재수하고 있는 제 아들 녀석은 지금도 어느 피시방에 처박혀서 담배 꼬나물고 술 퍼먹고 있심더. 저런 자식을 두고 제가 여기 와서 천사의 말을 하고 있으니 얼마나 우습심니꺼? 사람의 눈으로 본다면야 사기꾼이죠. 그러나 저 같은 사람도 마다치 않고 써주시는 하나님의 은혜 때문에 제가 여기 서 있심니더.

혹시 저처럼 속 썩이는 자식이 있으시더라도 미워할 거 없습니다. 하나님이 우리를 용납하고 감싸주시듯이 우리도 그 아들을, 딸을 사랑하고 용서하고 오히려 하나님께 감사합시다."

여기저기서 흑흑 소리가 터져 나오더니 이내 온 교회는 울음바다가 되었다. 나와 같은 아픔을 안고서도 차마 드러내지 못하고 속으로만 삭이던 부모가 그토록 많았던 것이다. 그동안 자식 잘 키워 세상에서 출세한 간증들을 들을 때마다 저들의 마음이 얼마나 찢기고 상했을까?

나도 한마음 되어 울면서 그들을 위해 간절히 기도했다.

_새 아들

"아버지, 저 기도원에 좀 다녀오겠습니다."

어느 날 아침 식사 도중에 아들이 뜬금없이 말했다.

나는 슬쩍 비꼬며 장난스레 대꾸했다.

"재수생이 공부는 안 하고 갑자기 기도원은 와? 거기 가면 담배도 못 피우는데…. 누가 니보고 오라 카더나?"

"그냥 가보고 싶어서요."

큰 의미 없이 주고받은 대화였고 별 기대감 없는 기도원행이었는데 결과는 놀라웠다. 아들이 불같은 성령세례를 받고 하나님의 은혜를 체험하여 한순간에 새사람이 된 것이다. 눈물로 지난날을 회개하며 경건치 못한 습관들을 일시에 끊어버리더니 기쁨으로 충만한 나날을 보내는 모습은 기적 그 자체였다. 내 아들 아니랄까 봐, 하룻밤 새 획 뒤집어져 새사람 되는 모양새도 아비를 닮았다.

그 뒤 아들 녀석은 교인들이 "쟤가 전도사냐, 재수생이냐?" 할 정도로 매일 교회에서 살다시피 했다. 아침에 출근하듯 교회로 와서, 돌아다니는 주일학교 애들 돌봐주고 구석에 앉아서 공부하다가 청소하고… 그렇게 전도사처럼 지냈다.

그러니 제 엄마에겐 또 다른 걱정이 생겼다.

"저놈이 성적도 시원찮은 게… 재수생이 공부를 해야 하는데."

"놔두소. 공부 좀 못하면 어떻노? 저렇게 은혜받아 사는 것만 해도 눈물겹도록 감사하제."

재수생활 끝에 친 수능시험 성적은 더 큰 기적이었다. 아들은 목표로 삼았던 '서울(에 있는)대학'에 당당히 들어갔다. 대학생활 내내 선교회 활동을 하고 방학 때는 먼 선교지로 오가며 믿음 안에서 보람 있게 사는 모습을 보니 아들을 향한 내 감사는 갈수록 커져갔다.

"아부지, 저 신학 할랍니다."

밥상머리에서 뜬금없이 불쑥 내지르는 녀석의 특기는 여전했다.

"와? 누가 니보고 하라 카더나?"

"하나님이 부르시는 것 같습니다."

"그럼 가거라."

아들은 총신대학원을 거쳐 얼마 전 드디어 목사안수를 받았다. 이제는 돌아설 수 없는, 영광스럽고도 외로운 길을 걷는 그를 볼 때마다 내 속에서 교차하는 만감을 농담 속에 슬쩍 감추어 표현해보기도 한다.

"아이고…, 니가 목사가?"

"아부지, 저는 피우고 마시고 사고 치는 인간들 다 이해할 수 있으니 목회하기엔 오히려 유리합니다!"

참으로 그렇다.

우리가 아무 어려움 없이 잘 살고 출세하는 것도 물론 감사할 일이나, 때로 아픔이 있어도 상황을 반전시켜 결국 선으로 만드시는 하나님의 전능한 손길이 함께한다는 것이 우리 믿는 자들의 참된 소망이요 진짜 감사의 이유다.

누군가는 말한다.

"장로님, 감사할 조건이 하나라도 있어야 감사하지요. 온통 짜증 나는 일밖에 없는데 어떻게 감사가 나옵니까?"

감사할 조건이 있을 때 감사하지 못할 사람이 있을까?

비록 감사꺼리가 전혀 보이지 않는 어둠 속에서도 하나님의 선하심과 신실하심을 믿고 감사하기 시작하면, 머잖아 진정 감사할 일이 넘쳐나는 것을 경험하는 게 신앙생활의 묘미요 진수 아니겠는가.

목사 아들은 선배 목사님과 동역하여 개척교회를 섬기고 있다. 몇 명 안 되는 교인 한 사람 한 사람을 주님처럼 대하면서, 하나님이 주신 다양한 은사를 마음껏 발휘하며 신나게 사역한다. 그리고 예비된 배필을 만나 두 딸을 낳고 오순도순 살아간다.

인생은 아름답다.

반전이 거듭되는 인생살이가 때론 고통스럽기도 하지만, 하나님 손에 붙들린 인생은 기어이 아름답다!

문 닫은 청송감호소

_그래도 구하라

성경을 읽다 보면 역사는 늘 일관된 흐름을 따라간다는 것을 알 수 있다. '아, 이렇게 악한 때가 되면 하나님이 왕조를 폐하시고, 나라를 망하게도 하시며, 한 시대를 닫아버리시는구나.'

지금 우리나라가 이토록 하나님 두려운 줄 모르고 사치하며 교만한데도 그나마 이만큼 멀쩡하게 살아가는 이유는, 아직도 이곳저곳에서 눈물로 나라와 민족을 위해 기도하는 기도꾼들이 있기 때문일 것이다. 하나님이 진노하셔서 인생들을 내려치시려는 순간마다 피눈물의 중보기도로 중간에 막아서는 믿음의 사람들 때문에 참고 또 참으시는 긍휼의 은혜를 우리가 누리고 있는지도 모른다.

주 여호와께서 이같이 말씀하셨느니라. 그래도 이스라엘 족속이 이같이 자기들에게 이루어주기를 내게 구하여야 할지라. 내가 그들의 수효를 양떼같이 많아지게 하되, 제사 드릴 양떼 곧 예루살렘이 정한 절기의 양무리같이 황폐한 성읍을 사람의 떼로 채우리라. 그리한즉 그들이 나를 여호와인 줄 알리라 하셨느니라.

_ 에스겔 36: 37~38

그 옛날, 하나님께서 온 인류를 구원하시려고 열국 중에서 장자로 세운 이스라엘 민족의 죄악이 극에 달하자 이방 나라에 내던지셨다. 그들은 가족마저 뿔뿔이 흩어져 천만리 머나먼 바벨론에 끌려가서 암담한 긴 세월 동안 포로생활을 해야 했다. 그 절망의 끝에서 하나님이 에스겔에게 말씀하셨다.

"너희 그동안 고생 많았다. 이제 곧 고향으로 돌려보내 줄 테니, 가서 성전 짓고 포도원 가꾸고 비었던 외양간에 양을 가득 치며 살아라."

놀라운 회복과 함께 풍요로운 삶을 약속하셨다. 그러나 아무리 하나님의 말씀이라지만 참 믿기 어려웠다. 당시 중동의 최강대국에 사로잡힌 이 민족이 대체 어떻게 자유를 얻는단 말인가?

그런데도 하나님은 에스겔에게 그 놀라운 일을 약속하시며, 도저히 믿기지 않지만 그래도! 불가능해 보이지만 그래도! 이루어주시기를 계속 기도하면 때가 될 때 응답해주겠다고 하셨다. 그리고 그 말씀대로, 현실적으로 논리적으로 상식적으로 불가능해 보였던 일이 결국 역사 속에서 이루어지고 말았다.

하나님은 '고레스'라는 사람을 세우시고 그를 통해 얼마 지나지 않아 순식간에 바벨론을 무너뜨리셨다. 고레스 왕은 페르시아제국을 세운 뒤 제일 먼저 이스라엘 백성을 고향으로 돌려보냈다. 절대적으로 불가능해 보였던 한 민족의 귀환이, 그래도! 하나님의 약속을 믿고 기도한 자들을 통해 놀랍게 성취된 것이다.

그런데 이것으로 끝이 아니었다.

하나님께선 면면히 이어져 흐르는 은혜의 강물을 따라 또 한 번의 '그래도'를 준비하고 계셨다. 믿음으로 구하는 자들의 기도를 응답하시겠다는 살아계신 하나님의 약속이 '한국의 빠삐용'으로 불리던 청송감호소에서 이루어지는 기적을 우리가 보게 될 줄이야!

_전설의 청송감호소

1984년에 내가 발령받아 간 그곳은 개청의 초창기라 혼란스런 분위기였다. 직간접적으로 내가 관리해야 할 수용자가 무려 1,800명이었다. 공자님을 그 정도 데리고 있어도 골치 아플 텐데, 대한민국에서 최고 수준(?)의 수형자가 그만큼 모였으니 상황이 어땠겠는가!

일반교도소에선 전과 3범만 돼도 대단한 위세를 부리지만 이곳에선 최하가 5, 6범인지라 이들을 다룬다는 건 보통 일이 아니었다.

청송감호소는 한국 현대사의 가장 어두운 시절인 5공 끝자락에 태어난 역사의 아픈 산물이다. 증오와 폭력이 빚어낸 온갖 무시무시한 사건 사고들의 뒷이야기가 아직도 전설처럼 회자하는 곳.

그 지옥의 땅에 영호를 비롯해 회심한 흉악범 형제들의 눈물이 뚝뚝 떨어지자, 마른 잔디에 불붙어 번지듯 복음의 불길이 활활 타올랐다(이에 관한 자세한 이야기는 전편 〈하나님이 고치지 못할 사람은 없다〉에 밝혀놓았다).

불과 9개월 사이에 1,800명의 수용자 중에서 무려 1,600여 명이 예수님을 영접하는 기적이 일어났다. 재소자들의 한과 증오가 하늘에 사무쳐 날아가던 철새조차 빙 돌아간다던 청송감호소에 아침부터 밤늦게까지 찬양과 기도 소리가 끊이지 않게 되었으니!

이슬람교도들이 하루에 다섯 번 기도한다고 하지만 이곳에선 보통 예닐곱 번씩 예배가 드려졌다. 아침에 눈 뜨면 기상예배, 식사하기 전에 아침예배, 작업실에 일하러 나가서 출역예배, 정오예배, 오후예배, 다시 방에 들어와서 입방예배, 취침예배… 나는 그 예배의 한가운데서서 늘 눈물지었다.

"하나님, 여기가 어떤 곳이었심니꺼? 날마다 자기 몸을 처참하게 자해하고 차마 입에 담지 못할 끔찍한 일들이 끊이지 않던 이곳에 결국 복음의 역사가 일어나다니요!"

_기도제목 1번

어느 날 영호가 내게 종이 한 장을 내밀었다.

"주임님, 이것 좀 보세요. 우리 모든 형제들의 첫째 기도제목입니다. 꼭 함께 기도해주세요."

거기엔 이렇게 적혀 있었다.

"청송감호소가 속히 문을 닫고 오히려 생명의 도장이 되게 하소서!"

이들이 예배할 때마다 한목소리로 기도하는 제목 1번이었다. 그 기도에 동참해달라는 부탁을 받았으나 내 생각은 달랐다.

'아무리 믿음을 가졌다 해도 역시 인간은 한계가 있구나. 은혜받고 거듭난 삶을 산다 하지만 현재 자신이 처한 상황과 처지를 뛰어넘진 못하는구나.'

지금 그들이 여기에 수용되어 고달픈 나날을 보내고 있으니 문 닫게 해달라고 기도하는 건 이해되지만, 당시 '범죄와의 전쟁'으로 전국의 수용시설이 턱없이 모자라서 이런 시설을 없애기는커녕 더 건축하려는 계획이 진행 중이던 때라 그들의 기도는 전혀 말이 안 되었다.

게다가 당시 청송감호소 설치의 바탕이 된 사회보호법이 헌법재판소에서 합헌으로 판정되어, 법적으로도 앞으로의 존속에 아무 문제 없는 상황이었다.

이런 엄정한 현실에도 불구하고 그래도! 이들은 아침저녁으로 끊임없이 기도했고, 그렇게 수년이 흘러갔다. 그런데 역사라는 것은 언제나 전혀 예상치 못한 요인으로 하루아침에 뒤바뀌는 법 아니던가!

당시 사회 분위기는 거세게 불던 민주화 열풍이 열매를 맺어가던 시기였고, 이 과정에서 인권문제가 그 어느 때보다 심도 있게 다루어졌다.

특히 일정 요건 이상의 동일 범죄를 저지른 사람은 재범의 우려가 크므로 징역형이 끝나도 다시 청송감호소로 보내어 길게는 10년, 짧게는 3년 이상의 사회격리 조치를 받게 한다는 사회보호법은 입법단계에서부터 인권침해에 대한 논란이 거셌다.

이에 대한 갈등이 비등점을 넘어설 즈음, 교정국 내부의 환경 변화와 수용자 교화의 새로운 이정표를 마련해보려는 정책적 결단으로 청송1감호소 간판이 내려지고 바로 그 자리에 '청송 재소자 직업훈련소'가 들어섰다. 전국 교도소에서 국가기능자격증을 딴 고급인력을 뽑아서 제과제빵·자동차정비 등 첨단기술을 가르쳐 사회로 내보내는 새 삶의 관문이 된 것이다.

긴 세월 동안 1,600여 명의 형제들이 쉬지 않고 기도한 대로 죽음의 땅 청송감호소가 생명의 도장으로 탈바꿈했다. 그 과정을 줄곧 지켜본 나는 엄청난 충격을 받았다.

이것을 과연 우연이라 할 수 있을까?

안으로는 담장 속에서 피눈물의 기도로 몸부림치는 형제들이 있었다면, 밖에선 뜻있는 기관과 단체들이 사회보호법 폐지를 위해 활발히 움직였다.

긴 세월 동안 양보 없는 존폐의 주장으로 맞서던 정치권이 2005년 4월, 사회보호법 폐지 합의를 우여곡절 끝에 이루어냄으로써 청송 2감호소 역시 역사의 뒤편으로 사라지고 세상을 향한 자유의 문이 활짝 열리고 말았다.

청송감호소가 이처럼 기적적으로 문을 닫게 된 것이 겉보기엔 여러 사회·정치적 원인의 작용 같지만, 실제론 척박한 현실에 발 딛고 살면서도 그래도! 찬란한 내일을 꿈꾸며 기도하기를 쉬지 않았던 영호를 비롯한 수용자 형제들의 믿음의 열매임을 누구도 부인하지 못할 것이다.

_그래도 기도하자!

청송감호소를 출소한 영호는 지금 강원도 깊은 산 속, 작은 기도원에서 마당을 쓸고 새벽종을 치며 여전히 무릎 꿇는 기도의 삶을 살고 있다. 그때와 마찬가지로 그의 눈은 언제나 나라와 민족을 위한 눈물로 붉게 물든 채.

"영호야, 니도 이제 이만큼 기도로 준비했으니 한국교회 앞에 나와서 사역해도 안 되것냐?"

짐짓 물어보는 내 얼굴을 한동안 바라보던 그가 단호히 말했다.

"아닙니다. 저는 이대로가 좋습니다. 교도소 출신 치고 은혜받았다며 섣불리 까불다가 안 망한 사람 없습니다. 김○○, 조○○도 다 그랬지 않습니까?"

그의 확신 어린 대답을 들으며, 그가 여전히 골방에서 눈물로 뿌리는 기도의 씨앗이 언젠가 다시 풍성하고 달콤한 열매를 맺으리라는 기대가 생겼다.

예나 지금이나 역사 속에서 생생히 기적을 이루어내는 '그래도 기도하는' 사명을 이젠 우리 모두 함께 짊어져야 할 때다. 경제가 어려워도, 정치가 혼란해도, 사회가 불안해도, 각 개인의 삶에 이런저런 문제가 넘쳐도 신실하신 하나님의 이 약속을 끝까지 붙들고 달려가자.

그래도 기도하라. 그리하면 내가 이루리라!

기적의 소망교도소

"박 장로님, 나 좀 봅시다…."

김승규 장로님이 소망교도소 운영을 위해 설립된 아가페 재단 이사회가 끝나고 돌아가는 길에 나를 부르셨다.

"…소망교도소 운영이 초창기라 많이 어려워요. 마침 총무과장 자리가 비었으니 장로님이 거기 가서 일 좀 맡아주면 좋겠는데!"

"장로님예, 제가 지금 총무과장 할 군번이 아입니다. 제 동기들이 대부분 청장이고 고위 공무원인데 제가 우째 총무과장을 한단 말입니꺼?"

법무부 장관과 국정원장을 지내시고 민영 소망교도소 설립을 위해 긴 세월 헌신해 오신 김 장로님이 내 눈을 지그시 바라보며 나직한 목소리로 설득하셨다.

"박 장로님, 지금 군번 따질 땝니까? 예수님이 군번 따져서 이 땅에 오셨나요? 예수님 군번이라면야 하늘보좌에 앉아계셔야지요!"

"……."

국내는 물론 아시아 최초의 민영교도소인 소망교도소의 이념적·실제적 기초가 되는 개념은 브라질의 '아빠키 프로그램'에서 획기적으로 시작되었다.

평균 재범률이 72%를 넘나들던 브라질에서 변호사이자 기자였던 마리오 오토보니(Mario Ottoboni)가 1972년부터 시작한 재소자 인성교육 특화 프로그램의 명칭이 '이웃 사랑이 예수 사랑(Amando ao Próximo, Amarás a Cristo)'의 첫 글자를 딴 '아빠키(APAC)'였고, 이를 적용한 브라질 내 45여 개 교도소의 평균 재범률이 8% 이하로 뚝 떨어지는 기적 같은 결과가 나왔다.

이 성공사례를 모범으로 삼아 우리나라에서도 마침내 1995년에 민영교도소 추진위원회가 발족하였고, 2001년에 민영교도소 설립을 위한 재단법인 아가페가 세워졌으며, 2005년부터 여주교도소에서 시범운영을 한 뒤 2010년 12월에 드디어 소망교도소가 문을 열었다.

국가 형벌권을 민간에게 위탁한다는 건 법무부 입장에서도 대단한 모험이었지만, 민영교도소 설립을 추진하던 많은 분들의 끈질긴 설득과 상호논의를 거치며 서서히 합의가 이루어졌다.

당시 급증하던 범죄로 인한 교도소의 과밀수용과 경비절약 문제

(소망교도소의 경우 국영교도소 운영경비의 90%를 국가에서 지급한다), 특화된 교정교화의 실험 등 구체적 현안에 의견을 같이하게 된 것이다.

법무부에서 소망교도소에 파견한 민영지원팀은 기본적인 인권 처우와 원칙적인 법 집행 여부를 감독하나, 민영교도소의 자율적인 교화활동이나 프로그램엔 간섭하지 않는다.

"은혜, 기적이라는 말을 많이 하지만 소망교도소가 세워진 것이야말로 전적인 하나님의 은혜요 기적입니다!"

소망교도소 설립을 위해 오랫동안 애쓰시다가 개청한 지 얼마 안 되어 하늘나라로 거처를 옮기신 이용진 장로님의 고백처럼, 이제 소망교도소는 처음에 교도소가 들어서는 것을 완강히 반대하던 지역주민과도 우호적인 관계로 상생하는 곳이 되었고, 법무부와도 원만하게 소통하고 협력하는 기관이 되었으니 이 모든 것이 하나님의 도우심이 아닐 수 없다.

그러나 처음 시도되는 민영교도소 운영이 그리 쉽지만은 않아 크고 작은 어려움이 자주 발생했기에, 수십 년간 다양한 교정현장에서 재직하며 교정실무 경험을 다소 쌓은 내게 총무과장직 제의가 들어온 것이다.

나는 며칠을 두고 진지하게 고민했으나 쉽사리 결단을 내리지 못했다. 당시 나는 이미 10여 년 전에 교도관직을 사임하고 평신도 전도자로 국내외 여러 곳에서 간증집회사역에 헌신하고 있을 때여서 더욱 갈등이 깊었다. 그러나 김 장로님의 음성은 그날 이후로 계속 내 귓전을 맴돌았다.

"지금이 군번 따질 땝니까?"

시간이 지날수록 그 한마디 말씀의 의미에 점점 설득되어 결국 가족들에게 소망교도소로 가야겠다는 의견을 밝힌 날, 뜻밖에도 딸 소영이가 강력히 반발하고 나섰다.

"아빠, 절대로 오시면 안 돼요! 제가 여기서 근무하고 있는데 아빠까지 오시면 서로 얼마나 불편할지 생각해보세요."

당시 딸은 이미 소망교도소 교도관 1기생 공채로 입사하여 근무 중이었다. 그러나 어쩌랴! 나를 향한 하나님의 새로운 부르심은 한 치의 오차 없이 착착 진행 중이던 것을….

이렇게 소망교도소는 내 인생의 새로운 무대가 되었다.

2011년 8월, 주저주저하며 이 은혜의 동산에 발을 내디딘 이후로 나는 소망교도소를 세우신 하나님의 큰 뜻을 날이 갈수록 더 깊이 깨달아간다. 죄 많은 인생도 포기하지 않으시고 옥에 갇힌 영혼들을 긍휼히 여기시는 하나님께서 그 뜨거운 사랑으로 어떻게 놀라운 구원의 열매를 맺어 가시는지를 생생히 보게 된 것이다.

"우와! 이 많은 분들이 건축에 동참했단 말이죠?"

소망교도소 수용자들과 예배를 드리기 위해 여러 교회에서 연합하여 방문한 목사님들이 2,584명의 기부자 명단 앞에서 벌린 입을 다물지 못한다.

소망교도소 건축을 위한 250여억 원의 모금에 동참한 믿음의 사람들, 여러 교회와 단체, 그리고 이름 없이 참여한 수많은 국민의 손길들이 15척 담장보다 더 높이 쌓인 이곳은 이제 '사람을 가두는 교도소'가 아니라 '사람을 살리는 공동체'로 든든히 서가는 소망의 동산이다.

"교도소 짓다가 내가 교도소 가게 생겼어요!"

가끔 이런 웃지 못할 농담으로 교도소 설립과정의 어려움을 토로하시는 명성교회 김삼환 목사님은 초창기부터 지금까지 이사장을 맡아 소망교도소에 넘치도록 힘을 쏟아 부으셨다. 십 원짜리 하나 돌아오지 않는 비영리 사역인 소망교도소 설립에 명성교회는 아무 조건 없이 약 61억 원을 기부했고, 여의도 순복음교회에서 39억 원, 사랑의교회에서 16억 원 등을 비롯해 여러 교회와 성도가 주축이 되어 함께 일구어낸 이곳은 지금 새로운 교정의 역사를 써나가고 있다.

_ 죄인은 들어오고 죄는 밖에 있으라!

350여 명의 수용자 형제(소망교도소에선 모든 수용자를 형제라 부른다)와 120여 명의 직원이 신뢰와 사랑과 자율을 바탕으로 인격의 변화를 위해 몸부림치는 곳!

어떤 이는 말한다.

"흉악한 죄를 짓고 들어온 사람을 '형제'라고 부르다니 말이 되냐?"

그러나 우리는 브라질의 아빠키 교도소 문 앞에 붙어 있는 표어처럼 "죄인은 들어오고 죄는 밖에 있으라"고 말할 수밖에 없다.

비록 이곳에 들어올 때는 '죄인'으로 들어왔지만, 이제 이곳에서부터 '사람'으로 살다가 '성숙한 시민'으로 나가도록 해야겠기에 우리는 그들을 기꺼이 형제라 부른다.

'일하기 싫으면 먹지도 말라'

교도소 이곳저곳에 큼지막하게 붙어 있는 이 구호는 드나드는 모든 이에게 인생에 대한 자신의 나태함으로 빚어진 오늘을 바로 보게 한다.

인성교육을 비롯한 모든 교육과정은 전문기술도 중요하지만 그 밑바탕은 언제나 정직한 땀이다. 수용자 형제에게 요구하는 만큼 직원도 같이 땀 흘려야 한다는 심동섭 소장의 운영방침에 따라, 우리 교도관들은 매주 목요일 오후마다 교도소 안팎에서 열심히 풀을 베고 거름을 주고 나무를 심는다.

"부소장님, 프랑스의 카날 플뤼(Canal plus) 방송국에서 이곳을 취재하고 싶다는 연락이 왔습니다. 어떻게 할까요?"

"한국의 산골짝에 있는 교도소를 프랑스에서 우째 알고! 절차 밟아서 긍정적으로 회신해주소."

소망교도소는 국내보다 오히려 외국에서 더 큰 관심을 두고 주목하는 것 같다. 프랑스뿐 아니라 태국, 중국, 대만, 홍콩, 필리핀, 몽골, 미국, 심지어 말라위, 에티오피아 등 35개국에서 300명이 넘는 교정 관련 공무원들이 다녀갔다.

프랑스 내에서도 지식인들이 즐겨 본다는 프랑스 최초의 민영 방송사에서 바다 건너 날아온 푸른 눈의 미남 기자는 취재 시작부터 "죄를 범한 사람들을 이렇게 잘 대우해줘도 괜찮으냐?"는 우려 섞인 질문을 해댔다.

"이들 중 단 한 명이라도 속사람이 변화되어 범죄의 길에서 완전히 떠날 수만 있다면 우리는 이보다 더 나은 처우도 기꺼이 할 것"이라는 내 설명을 듣는 그는 여전히 미심쩍은 투로 물었다.

"재범률은 얼마나 되나요?"

"국내 평균 재범률(출소 후 검찰 기소)은 약 65%, 재복역률(출소 후 3년 이내 교도소 입소)은 약 23%인데 비해, 우리 소망교도소는 지난 5년간 5% 이하를 유지하고 있습니다."

"민영교도소라 상대적으로 재범 위험성이 덜한 질 좋은 수용자를 많이 데리고 있어서 재범률이 낮은 건 아닌가요?"

"마약범이니 조폭 같은 범죄자는 소망교도소에 없는 상황이니 단순 비교는 일말의 무리가 있을 수도 있지요. 그러나 이곳도 그리 만만한 곳은 아닙니다. 수용자의 60% 이상이 살인, 강도, 성폭행 등을 저지른 강력범들이므로 관리가 어려운 건 마찬가지니까요."

"특히 성범죄자의 재범률이 0%인 비결은 뭔가요? 무슨 특별한 프로그램이 있나요?"

"우선 매주 화요일마다 다양한 문화행사를 엽니다. 수준 높은 공연들을 감상하는 가운데 인격의 질이 높아지지요. 재소자와 교도관이 함께하는 합창단 연습을 통해선 자신의 소리를 죽이고 옆 사람의 소리에 맞추는 법을 배우고, 못된 짓을 저지르던 손으로 바이올린과 첼로의 현에서 화음을 만들어내는 사람으로 바뀝니다. 때론 강당에서 밤에 열리는 3일간의 영성부흥회에 수백 명의 수용자가 참여하여 자기 영혼을 새롭게 돌아보는 시간을 가지기도 하고요. 표면적으론 이와 같은 프로그램들이 재범률을 현저하게 낮추는 요인이라 할 수 있지만, 사실 그 밑바탕엔 수많은 이들의 중보기도를 통해 도우시는 하나님의 손길이 있습니다."

얼마 전 필리핀의 교정공무원단이 소망교도소를 둘러보다가 수용자들의 방을 보며 부러운 듯 한숨을 내쉬었다.

"와, 필리핀에 있는 내 소장실보다 환경이 더 좋은데요!"

KBS 다큐 3일 〈미워도 다시 한 번〉이 방영되고 난 며칠 후 아주 가까운 고향 친구로부터 항의전화가 걸려왔다.

"야! 효진아, 느그 미친놈들 아이가? 거기 있는 죄수들이 한 게 뭐 있다고 그렇게 잘해준단 말이고?"

약간 당황한 내가 조심스레 물었다.

"와 그라노? 흥분하지 말고 차근차근 말해봐라."

"그래, 남의 가정 파괴하고 남의 인생 망쳐놓고 남의 가슴에 피멍 들게 한 인간들한테 뭐? 오케스트라, 합창단, 문화행사… 이딴 게 말이나 되는 소리가? 피해자들은 지금도 피눈물을 흘리고 있는데, 대체 느그 뭐하는 짓들이고?"

화를 참느라 씨근대는 그에게 내가 말했다.

"재곤아, 니 말도 한편으론 맞다. 그렇지만 이들이 밉다고 가두어만 놓고 내버려둬서 더 큰 범죄자가 되어 우리 곁으로 다시 돌아오게 할 순 없잖냐? 어떤 방법을 써서라도 새사람 만들어 재범하지 않도록 그 악순환의 고리를 여기서라도 끊어줘야 하지 않겠나?"

친구는 말이 없었다. 격앙된 숨소리도 다소 진정된 듯했다.

"재곤아, 지난 5년 동안 우리 소망교도소에서 성범죄자가 130여 명 출소했는데 그중 몇 명이 재범했는지 대충이나마 한번 맞춰볼래?"

"내가 그걸 우예 알겠노만은… 적어도 3, 40명쯤은 안 되겠나?"

으쓱한 기분으로 내가 대답했다.

"재곤아, 놀라지 말거래이. 일반교도소의 성범죄자 재범률은 20%가 넘는데 우리는 단 한 명도 재범자가 없대이. 이만하면 우리가 대한민국의 딸들을 엄청 많이 지켜준 기 아이가! 우야든지 새사람 만들어 내보내는 게 우리 소망교도소의 최대 사명이니, 그렇게 겉모습만 보고 비난하지 말거라."

지금 재곤이는 소망교도소에 매월 만 원씩 기부하는 '10만 계좌 후원인'이 되었다. 현재 소망교도소는 좀 더 수준 높은 교육 프로그램 개발과 더 나은 인격적 처우를 위해 한 계좌 만 원씩의 10만 후원인을 모집하고 있다. 아직은 소수가 동참하지만 머잖아 더 많은 이들이 뜻을 함께하리라 기대한다.

"장로님, 소망교도소에 근무하신 지 벌써 5년이 되셨는데 거기엔 왜 청송감호소처럼 끔찍한 자해나 살벌한 난동 같은 극적인 사건들이 없나요?"

간증집회를 인도할 때마다 흔히 목사님들이 묻는다.

"네, 그런 점이 궁금하실 낍니다. 소망교도소엔 그토록 이를 갈며 증오해야 할 대상도, 사무치는 원한도 더는 발붙일 수 없기 때문이지요. 직원과 수용자가 같은 장소에서 더불어 먹고 모두 하나님 안에서 한 형제로 삶을 나누는 곳이니까요. 사랑과 화해, 회개와 용서를 목표로 삼고 있는 믿음의 공동체이기 때문입니다."

그러나 물론 이곳도 사람 사는 곳이라 사소한 문제는 늘 있기 마련이다. 특히 여느 교도소와 달리 수용된 감방 안에서 식사하지 않고 식당에 다 같이 모여 밥을 먹다 보니 가끔 실랑이가 벌어지기도 한다. 맛난 특식이 나오는 날이면 배식하는 수용자들이 친한 사람에게 정량보다 조금 더 얹어주는 '안면 배식'이 빌미가 되어 다툼으로 번질 때가 있다.

"야들아, 느그 부끄럽지도 않나? 여기까지 와서 음식 몇 조각 땜에 이기 무신 챙피고! 이런 꼬라지로 믿음의 공동체? 웃기는 소리 하지 말거라!"

이렇게 꾸짖으면 감사하게도 그들 대다수가 고개를 숙이고 스스로 부끄러워하는 모습을 보이는 것이, 지금까지 다른 교도소에서 보아 온 대부분의 수용자와는 사뭇 남다른 점이라 흐뭇하다.

_다시 세상을 향하여

식당 옆 제법 널찍한 잔디밭에 천막이 쳐지고 20여 명의 수용자가 탁자 위에 갖가지 커피 재료를 준비하느라 부산하다. 큼직한 현수막엔 '소망공동체 일일 카페'라는 문구가 멋지게 적혀 있다. 6개월간의 커피 바리스타 2급 과정을 수료한 예비 바리스타들이 그동안 배운 솜씨로 모든 수용자와 교도관에게 향기로운 커피를 대접하는 축제의 날이다.

초겨울에 접어들면 수용자, 직원, 직원의 가족들이 한자리에 모여 절인 배추를 버무리는 김장축제를 열면서 잠시나마 고향의 냄새를 맡기도 한다.

금속공예, 목공, 배관과 보일러 기술 등을 연마하며 사회적응 준비에 박차를 가하는 소망교도소의 작업실은 내일을 위해 흘리는 뜨거운 땀방울로 가득하다.

"부소장님, 저 윤철입니다."

지난해 만기 출소한 윤철이 오랜만에 전화를 해왔다.

"잘 있었나? 소식 궁금했는데 요새 뭐하노?"

그는 소망교도소에서 오랫동안 복역하면서 자동차정비 기능장 시험을 준비했었다. 정비사 시험 중에 가장 어렵다는 기능장 시험을 치르려면 외부로 나가야 하는데 법적으로 제약이 많아 갈등을 겪던 차에, 소망교도소는 '사람을 살리는' 방향으로 문제들을 하나하나 풀어가면서 결국 그에게 두 번이나 밖에서 시험을 치도록 배려해주었고 그는 기어이 합격했다.

"부소장님, 내년 초에 드디어 정비소를 개업합니다. 축하해주세요."

"우와! 정말 잘 됐다. 진심으로 축하한대이. 역시 니는 성공할 줄 알았지."

"그런데 부소장님, 정비소 이름을 '아가페 소망 정비소'로 하고 싶은데 괜찮을런지요?"

"괜찮다마다. 니 맘 내키면 아예 '아가페 소망교도소 정비공장'이라 해도 관계없지!"

모처럼 기분 좋은 전화통화를 마치고 콧노래를 흥얼거리며 수용자 이발소 앞을 지나다가, 마침 머리를 단정하게 깎고 한껏 밝은 표정으로 나오는 창수를 만났다.

"창수야, 축하한대이. 내일 만기 출소일이제? 그런데 니 지금 어디 가노?"

"예, 소장님과 면담하러 가는 길이에요."

소장과 나는 특별한 일이 없는 한, 소망교도소에 입소하는 수용자 한 사람 한 사람을 만나서 격려하고 출소자들에게도 기도로 새출발을 축하해준다. 나는 녀석을 부둥켜안고 등을 토닥이며 말했다.

"그래, 잘 만나 뵙고 좋은 말씀 귀담아듣는거래이. 니 처음 여기 왔을 땐 진짜 인상 드럽고 성질도 뭣 같은데 요즘은 천사가 따로 없대이. 보기 좋다!"

함께 껄껄 웃으며 힘차게 악수를 하고 복도를 걸어가던 그가 나를 향해 고개 돌려 오른손을 높이 쳐들면서 외친다.

"부소장님, 과거에 지은 내 죄를 생각하면 쪽팔려 못 살겠습니다. 두 번 다신 여기 안 들어올 겁니다."

또 어떤 수용자는 이런 약속도 한다.

"출소해서 꼭 성공할랍니다. 그리고 반드시 소망교도소에 다시 올 겁니다요!"

"뭐? 여기는 와 또 올라 카는데?"

"공부 열심히 하고 돈도 많이 벌어서 훌륭한 자원봉사자가 되어 꼭 다시 올랍니다!"

형기를 마치고 자유로운 세상으로 나가면서 그들이 남기는 의미심장한 말 한 마디 한 마디에 가슴 뭉클할 때가 많다.

출소하는 수용자와 그들의 가족, 우리 직원들은 바깥 정문 앞에서 손에 손을 잡고 빙 둘러서서 파송 기도회를 가진다. 이 기도회는 비가 오나 눈이 오나 빠뜨리지 않는 소망교도소만의 독특한 문화가 되었다. 그동안 미운 정 고운 정 들었던 재소자 형제들이 그토록 그리웠던 자유를 향해 힘차게 걸어나가는 뒷모습을 바라보며, 나는 시집보내는 딸을 향한 아비의 심정을 느껴보기도 한다.

청송감호소는 문을 닫았다.
그리고 소망교도소가 문을 열었다!
하늘마저 울릴 고통스런 삶의 비명과 땅조차 꺼져버릴 절망의 한숨 소리 대신, 이제 이곳에선 새로운 삶을 준비하는 기도 소리와 벅찬 삶에 도전하는 희망의 함성이 가득하다.
지금껏 있음도 알지 못했던, 하나님의 형상을 닮은 고귀한 자신의 원래 자아를 찾아가는 성숙과 성화의 달음질은 '아무도 포기하지 않으시는 하나님'의 손에 붙들려 날이 갈수록 가속도가 붙는다.
이토록 가슴 벅찬 성공을 거두리라고 전혀 예측할 수 없었던 민영 소망교도소 사역을 믿음의 눈으로 바라보고 기도와 물질로 헌신한 우리 성도들이 눈물겹도록 고맙다! 한국교회가 자랑스럽다!

세상이 포기하고, 가족이 포기하고, 심지어 자신마저 자기를 포기해버린 사람들을 기어이 포기하지 않으시는 주님의 사랑에 힘입어,

오늘도 이 소망 동산에선 어둠의 권세에 붙잡혀 살던 옛사람을 벗어버리고 예수 그리스도 안에서 새사람 입기를 애쓰는 수용자들이 세상을 향해 담대히 외친다.

"누구든지 그리스도 안에 있으면 새로운 피조물이라. 이전 것은 지나갔으니 보라 새것이 되었도다. 고린도후서 5:17"

이 뜨거운 믿음의 함성은 눈에 보이는 15척 교도소의 담장뿐 아니라, 지난 세월 그들의 마음속에 더 높이 쌓아 올려진 자신의 벽을 마침내 여리고 성처럼 무너뜨리고야 말 것이다.

청송감호소와 서울구치소 사형장에서 '하나님이 고치지 못할 사람은 없다'로 시작된 어제의 신앙고백은 오늘 소망교도소에서 '하나님은 아무도 포기하지 않는다'는 새로운 고백으로 이어진다.

하나님의 때에 세워질 더 많은 민영교도소와 기도로 준비되고 있는 민영소년원을 통해 내일 하나님은 또 어떤 고백을 이끌어내실지 생각만으로도 가슴이 벅차다!

하나님은 아무도 포기하지 않는다!

책을 닫으며

_명문교회 담임목사 이덕진

지난 8월, 명문교회가 10년째 열고 있는 '꿈을 주는 목회자세미나'에 박효진 장로님을 강사로 초청했습니다.

푸른 청춘에 집사로서 만난 우리가 어언 육십 중반이 넘도록 목사와 장로로 여전히 한 교회를 섬기는 것도 생각할수록 감격스러운데, 갇힌 영혼들을 위해 살아온 장로님의 이야기를 새로이 듣자니 저 역시 잊어버린 지난날의 열정과 더불어 종종 겪었던 고난까지 떠올라 지그시 눈을 감은 채 눈시울이 흠뻑 젖었습니다.

"목사님, 다 끝났습니다."

나를 흔들며 박 장로님의 간증이 종료되었다고 알리는 이의 소리를 듣는 순간 내 마음엔 '아직 끝난 게 아닌데. 이제 다시 시작일 텐데…'라는 느낌이 강하게 들었습니다.

그 박 장로님이 제게 이 책의 원고를 건네며 오직 한 사람, 담임목사의 추천만으로 책을 마무리하고 싶다는 말과 함께 글을 부탁했습니다.

원고의 첫 장을 열면서부터 저는 흥분하기 시작했습니다.

무척 재미가 있었습니다. 숨 쉴 틈 없이 전개되는 사건과 사건들이 궁금하여 책을 내려놓을 수 없었습니다.

그리고 진한 감동이 있었습니다. 책 속의 인물들이 눈물을 흘릴 때마다 한마음 되어 저도 눈물이 났습니다.

더욱이 깊은 교훈이 있었습니다. 드러나게 가르치지 않아도 어느 설교보다 강력한 메시지가 글 사이사이에 숨어 있었습니다. 앉은 자리에서 숨 돌릴 여유도 없이 책을 다 읽어내렸고, 심호흡을 하며 마지막 장을 덮었습니다.

정말 그렇습니다.

박효진 장로님의 간증은 끝난 게 아니라 이제 새롭게 시작되었음을, 이 책을 읽으며 다시 한 번 확인했습니다. 세상의 모든 것이 다 포기해도 결코 포기하지 않으시는 하나님의 사랑은 여기 등장하는 한 사람 한 사람을 보듬어 품고 계십니다.

그러나 저는 누구보다 더 생생히 그 무한한 사랑을 받아 누리는 한 사람을 봅니다. 우상의 가문에서 삶의 참된 목적과 방향을 상실하고, 때로는 청송감호소의 죄수보다 더 비참하게 절망으로 허우적대던 그를 건져내서서 생명과 희망의 복음을 전하는 사역자로 삼아주신 하나님 앞에서 가장 절절하게 외치는 저자의 자전적 고백.

하나님은 아무도 포기하지 않는다!

25년이 넘는 세월 동안 간증사역자로 변함없는 '인기'를 누리고 있음에도 그는 늘 겸손합니다. 초심을 잃지 않고 성도의 신앙관과 교회의 영적 권위를 바로 세우고자 애쓰는 마음이 이 책에 아름답게 녹아 있습니다.

많은 등장인물들… 정태영 장로, 박길후 장로, 자칭 사탄과장, 독방의 정승원 수용자, 교도관 신세엽 집사, 기도의 사람 박철진 집사, 박석기 목사 등은 저 역시 잘 아는 실재 인물들입니다. 검증된 사람들이 엮어가는 이야기는 진실하여 더욱 힘이 있습니다.

1987년 1월, 고등학교 교사였던 저를 청송에서 처음 만난 날, 팔짱을 낀 채 작고 매서운 눈으로 노려보며 시비를 걸어오던 '지옥에서 온 박 주임' 박효진 교도관이, 성령님의 불가항력적인 은혜에 붙잡혀 쉼 없이 저와 함께 달려온 30년 세월이 고스란히 담긴 이 멋진 책을 추천하는 행운을 누릴 수 있어 기쁘기 그지없습니다.

결단코 포기를 모르시는 주님의 손에 붙잡혀 살아가는 인생이 얼마나 행복한지, 이 책을 읽어 가다 보면 분명히 깨닫게 되리라 확신합니다.

〈하나님은 아무도 포기하지 않는다〉는 확고한 체험의 고백은 잠든 교회와 성도를 흔들어 깨우는 새벽나팔이 될 것입니다!

하나님은 당신도 포기하지 않으십니다!